TaVe

Was ist Geschichte anderes,
als eine vereinbarte Lüge.

Napoleon

NORBERT LEITHOLD

FRIEDRICH DER GROSSE HASARDEUR

WEITERE

IRRTÜMER

ÜBER

FRIEDRICH II.

VON

PREUSSEN

TAUCHAER VERLAG

KURZWEILIGES Nr. 61/62

Leithold, Norbert:
Friedrich der große Hasardeur /
Norbert Leithold
1. Aufl.-[Taucha]: Tauchaer Verlag, 2006
ISBN 3-89772-119-8

Buchgestaltung: Helmut Selle
Herstellung: Neumann & Nürnberger Leipzig
Satz: XYZ-Satzstudio, Naumburg
Druck und Verarbeitung:
Westermann Druck Zwickau
Printed in Germany
ISBN 3-89772-119-8

INHALT

Zum Geleit 7

Prolog 9

1. *Friedrich sei ein Dekorationsmusiker gewesen oder: Was ist Rokoko?* 13

2. *Friedrich habe einen konservativen und überholten Geschmack gepflegt* 31

3. *Friedrich habe sich als König nicht mehr porträtieren lassen* 44

4. *Friedrich sei Erfinder der schiefen Schlachtordnung* 56

5. *Friedrich sein ein Hasardeur gewesen oder: Was steht im Machiavelli?* 65

6. *Friedrich habe mit seinem Bruder über Kreuz gelegen oder: Die rasende Eifersucht eines Frondeurs* 79

7. *Friedrich habe Unsummen für das Sammeln von Tabatieren verschwendet* 96

8. *Friedrich habe die polnische Teilung von 1772 zu verantworten* 103

9. *Friedrich sei in seinen letzten Lebensjahren außenpolitisch erfolglos gewesen und Preußen völlig isoliert, oder: Der deutsche Fürstenbund von 1785 als erster Versuch zur deutschen Einheit* 118

10. *Kein Irrtum: Das geheime Erotikkabinett von Zarin Katharina oder: Fallstricke der Diplomatie* 143

ZUM GELEIT

Norbert Leithold räumt in seinem zweiten Buch über Friedrich II. gründlich und engagiert mit gängigen Klischees über den Preußenkönig auf.

Die Kapitel über politische Entscheidungen sind genauso aufschlußreich, wie die Darstellungen vom gesellschaftlichen Leben der damaligen Zeit.

Ich wünsche diesem Buch ein breites Publikum.

Dr. Friedrich Wilhelm Prinz von Preußen

Berlin, 18-4-2006

Friedrichs Namenszüge aus verschiedenen Jahren.

PROLOG

Wie kommt ein Irrtum in die Welt und wie kommt er da wieder heraus? Halb- und Unwahrheiten über exponierte Persönlichkeiten der Geschichte gibt es zuhauf, gelegentlich sind sogar wahre Meister der Fälschung am Werk, um dem staunenden Publikum einen Bären aufzubinden. Das war zu Friedrichs Zeiten nicht anders. Entsprechend der politischen Großwetterlage wurden von Gesandten, Journalisten, geschwätzigen Hofdamen oder bestochenen Beamten Dinge unter dem Mantel strengster Verschwiegenheit in Windeseile verbreitet, die dem Betreffenden entweder zum Nutzen oder Nachteil gereichen sollten.

In unseren Tagen ist der Wahrheitsgehalt von Informationen wegen der vielen miteinander konkurrierenden Medien schnell nachprüfbar. Im 18. Jahrhundert standen einmal gemachte Aussagen, wozu auch Propagandameldungen gehörten, im Raum und blieben nicht nur dort. Sie wurden oft ungeprüft von einer Institution in die nächste Generation weitergereicht, endlich von Historikern aufgegriffen. Und so wanderten Irrtümer in die Geschichtsbücher, da lesen wir sie dann. Zum Beispiel, dass Friedrich Unsummen für seine Tabakdosen verschwendet hätte. Was gemessen an den bedeutenden Irrtümern über diesen Preußenkönig harmlos ist. Anders wiegt schon die Behauptung, dass Friedrich geistiger Vater der polnischen Teilung gewesen sei. Oder dass er als Kriegstreiber anzusehen ist, was vor allem nach den beiden Weltkriegen zum guten Ton der Siegermächte gehörte. Das hatte weitreichende, bis heute spürbare Folgen. Die

Sprengung der Stadtschlösser von Berlin und Potsdam als »Symbole des preußischen Militarismus« gehört dazu wie die erneute Installierung von Landesregierungen nach 1945, die wegen ihrer divergierenden Interessen oft die Bundespolitik blockieren sollten. Ein Grund, warum der Name dieses Königs in weiten Kreisen der europäischen Geschichtsschreibung suspekt geworden ist, lautet: Hitler. Er begann sein Regime 1933 mit dem »Tag der nationalen Erhebung« am Grab Friedrichs, er berief sich, je aussichtsloser die Lage an den Fronten war, auf Friedrich, und er brachte sich unter dem Porträt dieses Königs im Bunker der Reichskanzlei um. Er missbrauchte Friedrich sogar als Anwalt der Judenvernichtung, wenn er behauptete, der König »hat die Juden überall da ausgeschaltet, wo sie schädlich wirken mußten«. Die kontinuierliche und systematische Friedrichforschung ist seit 1914 unterbrochen, den Irrtümern über diesen König geht es also gut. Friedrich begann seine Regierungszeit 1740 mit der Okkupation der österreichischen Provinz Schlesien. Aus dem Blitzkrieg am Rande der damaligen Großmächte Österreich und Russland drohte ein Hegemonialkrieg zu werden, denn in Paris, München, Dresden und Madrid war es längst beschlossene Sache, das Kaiserreich bei der nächsten sich bietenden Gelegenheit zu zerschlagen und aufzuteilen. Als Kaiser Karl VI. im Herbst 1740 starb, hielt man den Zeitpunkt für gekommen, die Thronfolgerin Maria Theresia um ihr Erbe zu bringen. Friedrich durchkreuzte mit seinem Einzelgang die Pläne der anderen und galt fortan als aggressiver Machtpolitiker. Aber der große Konflikt zu Friedrichs Zeit war nicht die Zerschlagung Österreichs, sondern der Kampf um die Vorherrschaft auf den Meeren und den Zugriff auf die riesigen überseeischen Kolonien in Amerika und Indien. Dieser Imperialkrieg zwischen England und Frankreich wurde sieben Jahre lang zumeist auf deutschem Boden ausgetragen und endete zu Gunsten Englands. Friedrich hatte diesen Krieg weder gewollt, noch hatte er ihn verhindern können. Politik folgte damals so wenig wie heute moralischen Grundsätzen, sondern Handlungszwängen. Dazu gehörte die ständige Vergrößerung der eigenen Machtbasis, sei es durch Eroberungskriege oder durch wirtschaftliche Allianzen, in der Regel durch beides. Man nennt das derzeit »humanitäre militärische Intervention« und meint den Balkan und Irak. Oder »Krieg gegen den Terror« – Afghanistan und Tschetschenien. So sehr man diese Entwicklung kritisieren mag, es wäre naiv und wirklichkeitsfremd zu glauben, Politik funktionierte anders.

Europa zur Zeit Friedrichs befand sich in einer »politischen Dauerdynamik«, wie der Politikwissenschaftler Münkler 2005 bemerkte. »Wer im Gegensatz zu seinen Nachbarn keine Kolonien erwarb oder in einer anderen Form territorial expandierte, ging nicht nur bei der Verteilung von Märkten und Rohstoffen leer aus, sondern verlor auch innerhalb des europäischen Mächtesystems an Gewicht und Einfluß.« Für Friedrich stand der Fortbestand Preußens wegen des »Zwangs zur Expansion« stets auf dem Spiel. Er sah, wie schnell »passive Mächte« zur Verfügungsmasse mächtiger Nachbarn wurden. Das zersplitterte und besetzte Italien, Teile der Niederlande und Luxemburg wurden in Wien und Paris mal vertauscht, mal verschenkt oder verkauft.

Wäre Friedrich ein aggressiver Machtpolitiker gewesen, hätte er das im politischen Gefüge bedeutungslose Herzogtum Mecklenburg mit immerhin Zugang zu Seehäfen besetzt, er hätte sich die Herzogtümer Sachsen-Gotha und Weimar einverleibt, um endlich mit Sachsen, einem stattlichen und prosperierenden Land, sein Preußen abzurunden.

1795 verfaßte Immanuel Kant seine Schrift »Zum ewigen Frieden«. Er reflektierte darin die friderizianische Politik und leitete daraus Grundsätze ab. 2003 verglich Robert Kagan in seinem Essay »Macht und Ohnmacht« die Politik unserer Tage mit den Kantschen Analysen von 1795. Er kam zu dem Schluss, dass sich die Europäer momentan in der paradiesischen Welt des Friedens aufhalten, während die USA dafür den Preis zahlen: Erst durch deren Fähigkeit, dauerhaft überall in der Welt Krieg zu führen, sei der Friede in Europa möglich.

Menschenrechte, ein Zivilisationsanspruch spätestens seit der Französischen Revolution, blieben dabei auf der Strecke. Paradoxerweise aber hatten gerade Friedrich und die USA mit ihrem Friedensvertrag von 1785 beispielhafte Maßstäbe für Menschenrechte unter Anerkennung imperialer Hegemonie gesetzt. Wir kommen auch darauf noch zurück. An Hand alter Quellen und neuer Forschungsergebnisse über Friedrich und seine Zeit wollen wir hartnäckig gepflegten Irrtümern über diesen König zu Leibe rücken. Friedrich soll nicht auf einen Sockel gehoben, sondern vom Kopf auf die Beine gestellt werden.

Brustbild eines zeitunglesenden Bauern
Kupferstich von Daniel Chodowiecki, 1757.

1. *Friedrich sei ein Dekorationsmusiker gewesen oder: Was ist Rokoko?*

Gelangweilte Schüler und überforderte Lehrer gehören zum schlechten Ton der Schulzeit, dem entging auch ich nicht. Im Mathematikunterricht zeichnete ich, verschanzt hinter meinem Tafelwerk, gigantische Barockschlösser. Für Kuppel und Triumphbögen reichte das Blatt Papier nie aus. Die klassische Säulenordnung hielt ich ebensowenig ein wie Fassadenproportionen. Hauptsache, meine Kästen schwelgten in Pracht und in Schnörkeln. Keine Frage, ich hielt die imaginierten Herrscherresidenzen für Meisterwerke. So regelmäßig wie sie entstanden, konfiszierte sie der Mathematiklehrer am Ende der Stunde. Zum Schuljahresschluss erhielt ich die Mappe allerdings zurück, dazu schenkte er mir ein Buch zur Baustilkunde. Ich war also auf dem richtigen Weg und präsentierte die Zeichnungen meinem geistigen Mentor, Doktor E.v.E. in Potsdam, wohin ich in den Ferien fuhr. Mit der Lupe prüfte er jedes Blatt. Der Schmuck über den Fenstern war für ihn Holzwolle, die Säulen an der Fassade Bindfäden, die Kuppeln Eierbecher. Also zeichnete ich im nächsten Schuljahr exakt nach der Stilkunde mit spitzem Bleistift. In den Ferien wollte ich meinem Gastgeber meine Fortschritte beweisen, ein Palast war üppiger geschmückt als der nächste. Worüber der Freiherr nur den Kopf schüttelte und fragte: »Was hat das mit Rokoko zu tun?« Er nahm mich, wenn Sanssouci für das Publikum geschlossen war, dorthin mit, und ließ mich eine Stunde allein im Marmorsaal. »Wenn ich zurück bin, sagst du mir, was du empfunden hast.« Ich ging im Saal auf und ab und fühlte mich wie ein Herrscher, das sagte ich ihm. »Hat aber nichts mit Rokoko zu tun«, war seine Antwort. Er verfrachtete mich in den Park ins Rondell des Holländischen Parterres vor der Bildergalerie. Mit den Statuen um mich herum konnte ich nichts anfangen, den Sinn der sternförmig abgehenden Wege nicht deuten. Die nächste Station war die Bildergalerie, mein Mentor erwartete von mir, dass ich jene Details auf einigen Gemälden herausfände, die das Bild erklärten. Natürlich fiel ich auf vordergründige Staffagen herein. Sprach beispielsweise ein Gekrönter vor prächtig gekleideten Soldaten, hielt ich das für eine Jubelveranstaltung. Den bereits gezückten Dolch eines Leibwächters , der jeden Moment durch die Rippen des Herrschers gedrückt würde, sah ich nicht. Abends gingen wir in das Neue Palais, wo regelmäßig Händel- und Mozartopern gespielt wurden. Dort spürte ich zum ersten Mal, wie Musik und Bewegung in der Raumarchitektur mitschwangen, das Drama oder die Komödie blieb nicht auf der Bühne. Die Hausaufgabe, die ich übers Jahr mitbekam, lautete: Was ist Rokoko?

Sommer 2005, im Park von Sanssouci. Ich mische mich unter eine Reisegruppe, mich interessiert die Reaktion der Besucher auf das Gesehene. Was assoziieren sie angesichts von Girlanden, Füllhörner tragenden Putten, Muscheln, Ranken, Chimären, Drachen, Krautstrünken und Palmen? Was ich häufig höre: Märchenland. Filmkulisse. Wie Bonbonpapier. Eine Mischung aus Staunen und Ungläubigkeit.

Ist Rokoko also »ein Schwelgen in überflüssigen und sinnlosen Dekorationen«, wie es 1820 hieß?[1] Einhundert Jahre später lesen wir in einer Kunstgeschichte: »Das Rokoko ist kein Baustil, denn es hat keine eigene Konstruktion. Das Rokoko ist nichts anderes als eine neckische, geistreiche Couserie.«[2] In »Kunst des Barock« von 1974 wird das Rokoko als »flächengebundener Dekorationsstil« bezeichnet. Für die marxistische Kunstwissenschaft ist das ganze 18. Jahrhundert »von dekadenten Ausdrucksformen, die ihr Ende folgerichtig in der französischen Revolution von 1789 finden«. Das Rokoko kommt nicht gut weg, die Debatte um seine Bedeutung hält bis heute an und wird kontrovers geführt. In diesen Kontext gehört das Urteil des Komponisten und Flötisten Mehring über das Rokoko und den komponierenden Preußenkönig. Das Rokoko

Überquerung des Ärmelkanals im Heißluftballon, 1785.

sei »eine Dekorationskunst, in der der Unterhaltungswert ausschließlich um oberflächliche Verzierungen kreist«. Mehring schrieb das nicht 1810, als dieser Stil verpönt war, sondern 2004 im 25 000 Mal verkauften Ausstellungskatalog »Friedrich der Große. Der König zwischen Pflicht und Neigung«. Zu Ende gedacht, bedeutet Mehrings Verständnis der friderizianischen Zeit, dass es sich um dekorative Oberfläche handelt, wozu dann auch Bachs Musik, Glucks Opern, die Werke von Voltaire und Rousseau, die Gemälde von Mengs, die Stiche von Chodowiecki und Winkelmanns Kunstanalysen der Antike gehören.

In meiner Ausbildung bekam ich einen praktischen Begriff vom Rokoko. Ich hatte in einem Barockschloss aus dem 17. Jahrhundert das beschädigte Feld einer Kassettendecke zu ersetzen. Ich goss den Schmuck eines intakten Feldes ab und montierte den Abguss an die Fehlstellen. Ein undenkbares Verfahren für das Rokoko. Kein Deckenfeld, keine Wandschnitzerei, keine Türfüllung wäre einfach austauschbar. Die Raumgestaltung vom Parkett bis zur Decke ist aus einem Guss und einmalig. Ein Sessel des Klassizismus, ein Gemälderahmen aus dem Barock kann das Gleichgewicht des ganzen Raumes zerstören.

Was ist Rokoko? Rokoko ist die Kunst im Zeitalter der Aufklärung. Ohne Aufklärung kein Rokoko. Das Wort leitet sich von der Rocaille, Muschel, ab. Typisch für diesen Stil in der Zeit von etwa 1720 bis 1770 ist der C-Schwung. Das Rokoko mag keine geraden Linien. Wir erleben ein Vor und Zurück, ein Drehen und Kreisen. So fühlte und dachte man im 18. Jahrhundert.

Unter Friedrich fand das Preußische Rokoko zur eigenständigen Form; kühler als das Bayrische, virtuoser als das Pariser. Herrschaftliche Schlösser, Palais für Adlige und elegant eingerichtete Bürgerstuben waren aber nur die Gehäuse für die einzigartige Gedankenwelt, in der man damals lebte. Die Aufklärung war allerorts präsent und mit ihr

Rocaille, Wanddekoration aus dem Potsdamer Stadtschloss um 1755.

standen Fragen im Raum wie: Was ist der Mensch? Was kann ich wissen? Was soll ich tun? (Kant). Antwort auf die erste Frage suchte die Prinzessin von Bayreuth auf ihre Weise; sie ließ in Schloss Faforite zu Ludwigsburg Decken und Wände verspiegeln und forderte ihre Besucher auf, den Punkt im Raum zu finden, von dem er sich nicht sieht, wo er also zu sich findet. Aber die Aufklärung war keine elitäre Veranstaltung. Die Einführung von staatlichen Grundrenten, Sozialhilfe oder Feuerversicherungen gehörte genauso dazu, wie die Abschaffung der Leibeigenschaft und die Infragestellung des Gottesgnadentums der Monarchie. Das geschah in Preußen nicht etwa durch den ewigen Spötter Voltaire, sondern durch König Friedrich selbst. Prinzenerzieher Baron von Bielfeld riet Friedrich 1750, die Prügelstrafe für Kinder per Gesetz zu verbieten, nicht nur in der Schule, auch zu Hause. In Deutschland gilt dieses Gesetz seit Februar 2005.

Im 18. Jahrhundert kamen Frauen mit Geschick und Zähigkeit in Führungspositionen wie erst heute wieder. Mit einem Heißluftballon flogen Menschen zum ersten Mal 1780. Man debattierte

Kindergarten im späten 18. Jahrhundert, Stich um 1780.

Dampfmaschine für das Mansfelder Revier bei Magdeburg, 1785.

darüber genauso aufgeregt, wie über neueste Designs auf Tafelgeschirr.

Der Zeitgeist verlangte nach Bildungsreisen, die quer durch Europa unternommen wurden. So wie Englisch heute die Weltsprache ist, war es damals Französisch. Selbst die einfachen Leute sprachen Brocken davon. Man knüpfte allerorten Handelsbeziehungen, errichtete dort Manufakturen, wo billig produziert wurde, heute Globalisierung genannt. Wo es eine Chance zum Fortkommen gab, dorthin ging man, heute Flexibilität genannt. Das 18. Jahrhundert war eine moderne Zeit, Rückschau hielt man nicht gern, die Gegenwart war die beste Zeit. Die Erfindung der Dampfmaschine fiel in die Epoche des Rokoko. Friedrich, der allen technischen

Neuerungen aufgeschlossen gegenüberstand, ließ sie nachbauen, und 1785 nahm sie ihre Arbeit in einem Kohleschacht bei Magdeburg auf. Zur gleichen Zeit spielte man auf deutschen Bühnen Schillers »Räuber« und Lessings »Nathan«. Goethes »Werther« war ein Bestseller, bewegte die Menschen aller Schichten. Zum Rokoko gehörten auch die damals neuesten Kompositionen. Während das gegenwärtige Konzert- und Opernrepertoire zu neunzig Prozent aus Musik früherer Jahrhunderte besteht, gab es damals nur moderne Musik, wie Mozarts »Zauberflöte« oder Glucks »Alceste«.

Das Rokoko wird an seiner Architektur festgemacht. Es war tatsächlich ein eigenständiger Stil mit neuen Grundrisslösungen für Sakral- und Profanbauten. Die Schlösser jener Zeit dienten nicht mehr der Verklärung fürstlicher Macht durch Repräsentation wie in Versailles. Dort hatte Ludwig XIV. seinen

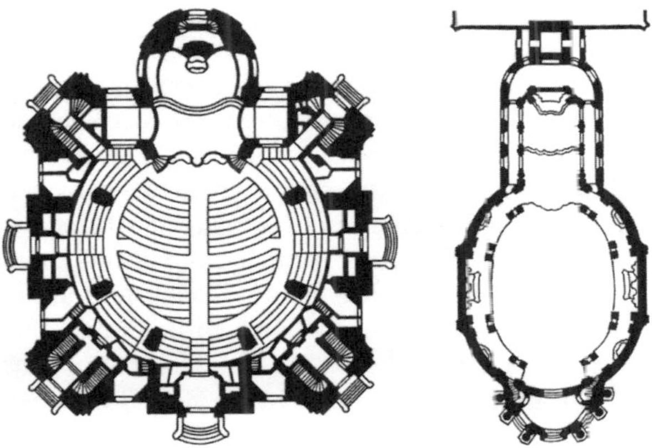

Grundriss der Dresdner Frauenkirche 1743,
Wallfahrtskirche Die Wies 1754.

Hof installiert. Zeitweise mussten über tausend Menschen in den etwa fünfhundert Gemächern untergebracht werden. Es gab ein ausgefeiltes und aufwändiges Zeremoniell. Im Rokoko pflegte man hingegen den intimen Lebensstil, das Zeremoniell wurde auf das Nötigste reduziert. Gebaut wurden kleine Schlösser mit höchstens zwanzig Gemächern, in denen eine Handvoll Vertraute wohnten. Schöne Beispiele der Rokokoarchitektur in Deutschland sind das Schloss Amalienburg (1739), Klemenswerth (1745), Sanssouci (1747), und Benrath (1755). Man errichtete in jener Zeit aber auch ganze Städte neu. Sie sollten den Anforderungen an Brandsicherheit und Hygiene Rechnung tragen. In Mecklenburg gibt es dafür zwei Beispiele, Ludwigslust und Neustrelitz. Man kann breite Straßen, großzügig bemessene zweistöckiger Bürgerhäuser mit reichlich Hof für Werkstätten und Gärten sehen, öffentliche Gärten und Parks.

Im Zeitalter des Rokoko und der folgenden Klassik war die Natürlichkeit das Maß der Dinge, was man suchte, war Menschlichkeit. Auch gegenüber Tieren. Der französische Maler Oudry, er lebte von

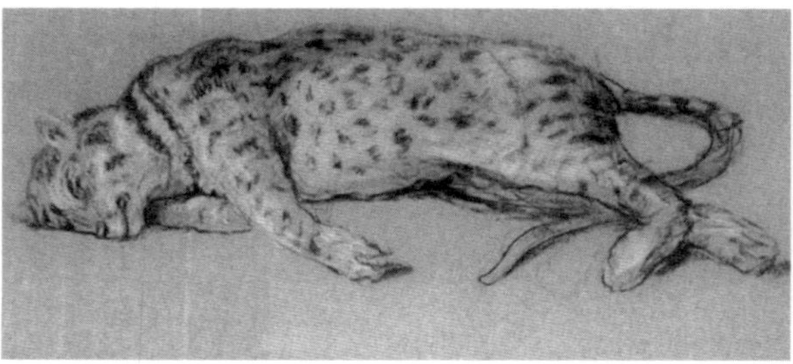

J.B. Oudry, Toter Leopard, Stich um 1735.

1686 bis 1755, »ist, wenn er tote Tiere malt, dem Leben näher, als je ein Maler zuvor ... Er fängt den Moment ein, in dem die Seele noch anwesend ist, bevor nur noch tote Materie bleibt.«[3]

Der letzte große Künstler jener Epoche war Goya. Seine ersten Gemälde hatten durchaus dekorativen Charakter. Der Maler politisierte nach der französischen Revolution seine Kunst wegen des bis dahin beispiellosen Elends, das Napoleon über Europa brachte. Goyas Credo lautete: Der Schlaf der Vernunft gebiert Monster.

Doch zurück zum Ausgangspunkt. Wer, wie der Musikhistoriker Mehring, das Rokoko an seiner Folie, an »Schnörkeln«, festmacht, hat wenig vom Wesen des 18. Jahrhunderts begriffen und muss Friedrich II. folgerichtig als Dekorationsmusiker bezeichnen. Was ist über den Komponist und Flöte spielenden König zu sagen?

Friedrichs Mutter Sophie Dorothea musizierte gern. Vom Vater ist das nicht bekannt, gleichwohl bekam der Prinz mit sieben Jahren einen Musiklehrer. Gottlieb Hayne war kein Genie, komponierte auch nicht, aber hatte selbst eine solide Ausbildung erfahren und reichte sie an Friedrich weiter. Geübt wurden das Generalbaßspiel, der vierstimmige Satz und natürlich Musiktheorie. Friedrich war ein gelehriger Schüler, »der die musikalischen Angebinde, die er von seinem Jugendlehrer Hayne erhielt, nicht nur wohlwollend aufnahm, sondern mit Vergnügen durchspielte.«[4] Bekannt ist auch, dass Friedrich und seine drei Jahre ältere Schwester Wilhelmine häufig zusammen musizierten. Prägend für Friedrichs weitere musikalische Entwicklung war sein Besuch in Dresden 1728. August der Starke ließ während diesen Wochen keine Stunde vergehen, ohne dem spartanischen Preußenkönig Friedrich Wilhelm und seinem Sohn Friedrich die Sinne zu verwirren. Auf die Oper folgte die Maskerade, dann das Konzert und danach das musikalische Feuerwerk. Das Neueste aus Italien, Frankreich und Deutschland wurde aufgeführt, die Virtuosen waren von europäischem Ruf. Der sechzehnjährige Prinz war überwältigt. Schon beim Gegenbesuch Augusts des Starken in Berlin ließ sich Friedrich vom sächsischen Hofkomponisten und Flötisten Johann Joachim Quantz unterrichten, obwohl Friedrich Wilhelm wegen der »Verweichlichung« seines Sohnes französische Bücher, kostbare Kleider und die Flöte verbannt hatte. Der Unterricht war also nicht ungefährlich, wie ein

Musikalische Gesellschaft in Rheinsberg, 1739.

Zeitgenosse schilderte: »Eines Tages hatten die stets willigen Aufpasser des Königs ihm gemeldet, dass Quantz des nachmittags Friedrich besuchen wollte. Nach der eigenen Erzählung Quantzens kam der König hinzu. Dank der Wachsamkeit Kattes, der vor der Tür Posten stand, wurde Friedrich Wilhelms Ankunft noch im letzten Moment gemeldet. Mit dem Ruf: Der König kommt, stürzte Katte ins Zimmer, ergriff Flötenkasten und Noten und zog den vor Schreck zitternden Musikus in ein ganz kleines, zum Heizen der Öfen gedachtes Kämmerchen. Fritz hatte gerade noch Zeit, den schönen Rock aus Goldbrokat abzulegen und in die Uniform zu schlüpfen, er konnte aber nicht mehr den französischen Haarbeutel mit dem Preußenzopf vertauschen. Friedrich Wilhelm durchsuchte aufs Genaueste die Schränke und ließ Bücher, die er fand, und den Rock fortnehmen. Glücklicherweise fiel es ihm nicht ein, die Tür des kleinen Kämmerchens zu öffnen. Über eine Stunde schien dem bebenden Quantz der gefürchtete Besuch zu dauern.« Verständlich, dass Quantz eine Stelle in Preußen erst nach dem Tod Friedrich Wilhelms annahm. Nach dem dilettantischen Versuch Friedrichs, dem Regime seines Vaters und Preußen zu entkommen – seinen Freund und Fluchthelfer kostete das Unterfangen den Kopf – folgte Friedrichs Läuterung als Beamter in der Küstriner Kriegs- und Domänenkammer, 1733 dann die vom König abverlangte Heirat mit Elisabeth Christine. Das Verhältnis zwischen Vater und Sohn entspannte sich, und ab 1736 konnte Friedrich mit einem eigenen Hofstaat in Rheinsberg leben. Das dortige Schloss hatte ihm der Vater geschenkt.

Johann Joachim Quantz, Friedrichs Flötenlehrer und Komponist , Stich um 1750.

Friedrich berief für seine Kapelle anerkannte Solisten, die selbstverständlich auch komponierten, wie die Brüder Benda oder Graun. Die vier Rheinsberger Jahre bis zur Thronfolge 1740 gelten allgemein als Friedrichs glücklichste Zeit. Er komponierte Flötensonaten und Konzerte. Als König erweiterte er rasch seine Kapelle, in den besten Zeiten spielten dort 38 Musiker. Friedrich suchte in Europa die besten Tänzer und Sänger, 1742 wurde in Berlin das hochmoderne Opernhaus Apoll und den Musen geweiht. Der seinerzeit schon berühmte englische Musikschriftsteller und Kritiker Charles Burney besuchte 1773 Preußen. Er lernte dabei die

Berliner Oper und den privat musizierenden König in Sanssouci kennen. »Der König residiert sehr selten zu Berlin, ausgenommen in der Karnevalszeit, welche gemeiniglich in der Mitte des Dezembers ihren Anfang nimmt. Wenn Se. Majestät mit dem Hofe nach Berlin kommt, so hat jeder Tag in der Woche, der Sonnabend als Ruhetag ausgenommen, seine bestimmte Lustbarkeit nach folgender Ordnung. Sonntags ist großes Konzert bei der Königin. Montags Oper. Dienstags Redoute oder Maskerade im Opernhause. Mittwoch französische Komödie auf dem Hoftheater. Donnerstags Courtag bei der verwitweten Prinzessin und Freitags wieder Oper. ..Da der König alle Kosten der Oper trägt, so wird für den Eingang nichts bezahlt, und wird jedermann, der nur anständig gekleidet ist, frei ins Parterre gelassen. Die Vorstellung beginnt des Abends um sechs Uhr. Der König mit den Prinzen und seinem Gefolge nimmt seinen Platz im Parkett, dicht hinterm Orchester, die Königin, die Prinzessinnen und die vornehmen Hofdamen sitzen in den großen Logen….

Der König steht fast beständig hinter dem Kapellmeister, welcher die Partitur vor sich hat, er sieht fleißig mit hinein und ist wirklich eben ein so guter Generaldirektor hier, als Generalissimus im Felde…« Burney setzte alle Hebel in Bewegung, um zu einem der privaten Konzerte in Sanssouci geladen zu werden. Es gelang ihm: »Ich ward des Abends zwischen fünf und sechs Uhr von einem Gardeoffizier hineingeführt. Als wir in der Galerie anlangten, kam uns Mr. de Catt, Se. Majestät Vorleser und Mitglied der königlichen Akademie entgegen, und welcher mich den ganzen Abend begleitete. Ich ward nach einem inneren Zimmer des Palastes geführt, worin die Herren von des Königs Kapelle auf seinen Befehl warteten. Dieses Zimmer war dicht am Konzertgemach, in welchem Se. Majestät ganz deutlich Solfeggi spielte und sich so lange mit schweren Passagen üben hören konnte, bis Sie die Musiker hereinzutreten befohlen ... Die Musik begann mit einem Flötenkonzert, in welchem der König die Solosätze mit großer Präzision vortrug. Seine embouchure war klar und eben, seine Finger brillant und sein Geschmack rein und ungekünstelt. Se. Majestät spielten drei lange und schwere Konzerte gleich hinter einander, und alle mit gleicher Vollkommenheit.« Soviel zur Einstimmung in die privaten Sphären des Königs, denn öffentlich ist er weder mit seinen Kompositionen noch als Solist aufgetreten. Warum komponierte Friedrich dann? Heute üben sich angespannte Manager oder Politiker in Yoga, sie joggen, golfen oder spielen Schach. Am Vormittag baute Friedrich seinen Stress mit der Flöte ab und phantasierte oft auf seinem Instrument. Er ging im Gemach auf und ab, niemand durfte ihn stören. In einem Brief an seine Schwester Wilhelmine schrieb Friedrich, dass sich beim Spielen auf der Flöte »die schwierigsten Fragen wie von selbst lösen«. In Zeiten großer Bedrängnis, als Intimus Keyserlingk und der kluge Jordan starben, später seine Schwester Wilhelmine und nach den verlorenen Schlachten im Siebenjährigen Krieg, waren seine Bücher, die Hunde und die Flöte so etwas wie Rettungsanker. Für Friedrich war Komponieren und mehr noch Musizieren kein Ausstellen von Virtuosität, er legte auf Anerkennung und Beifall letztlich keinen Wert. Die Musik hielt ihn seelisch im Gleichgewicht. Vom »Dekorationsmusiker« zu sprechen, ist also absurd. Wie stehen Friedrichs Kompositionen im Vergleich mit denen seiner Zeitgenossen da? Der schon zitierte Komponist und Flötist Mehring meinte über des Königs Werke: »Sie bilden mit vier Konzerten und mindestens 121 Soli zahlenmäßig den Hauptteil des kompositorischen Schaffens des Königs und erreichen unbedingt das durchschnittliche Niveau verschiedener Werke anderer Hofmusiker.« Eine Wertung dazu gibt es aus dem Jahre 1912: »Im Gefühlsausdruck wollte der König die Extreme vermeiden.« Die Melodie sei ihm wichtig, deutlich die »Vorliebe für strenge thematische Verarbeitungen, nur Fugen liebte er wenig…« Er sei stets um »dramatische Straffheit«[5] bemüht gewesen. Damit gehören Friedrichs Werke zur damaligen Moderne, zur Epoche der sogenannten galanten Musik. »Wer Friedrichs Musik hört, der kann sich mühelos zurückversetzen in eine versunkene Welt, in der bei aller Fülle der musikalischen Ideen bestechend der Grundzug zur Ordnung hervortritt, was ihr etwas ungemein Kraftvolles und Beruhigendes verleiht«.[6] Friedrichs Kompositionen wurden 1931 von einem Flötisten auf einigen erhalten gebliebenen Flöten des Königs nachgespielt. In dem Bericht zum Experiment hieß es: »Zu meinen praktischen Versuchen benutzte ich drei Ebenholzflöten … Die Flöten waren vollständig ausgetrocknet und daher sehr leicht.« Die 64 Zentimeter langen und 350 Gramm schweren Instrumente wurden gesäubert, dann »monatelang mit Wasser- und Ölbädern behandelt… Weiter versuchte ich durch tägliche Übungen auf der einen oder anderen dieser vier Flöten meine durch 35 Jahre langes Training modernen Instrumenten angepaßte Lippenstellung und Tongebung für die Spielweise dieser Flöten mit dem kleinen Mundloch umzustellen. Die ersten Versuche, darauf zu spielen, brachten klägliche Resultate. Der Ton war geisterhaft dünn und dumpf… Hatte ich es glücklich erreicht, die Töne akustisch auch nur über eine Notenzeile zu bringen, so setzte die Lippenkraft einfach aus… Jeder einzelne Ton forderte eine andere Lippen- und Mundlochstellung.« Um die Flöte so klingen zu lassen, wie es Friedrich tat, musste man sich zuvor mit den »anatomischen Verhältnissen« des Königs beschäftigen, die Abgüsse von Friedrichs Händen studieren, die ihm wenige Stunden nach seinem Tode abgenommen worden waren. »Die Finger der linken Hand haben eine leicht gekrümmte Stellung, fast genau wie beim Flötenspiel. Der Zeigefinger der rechten Hand ist gespreizt, der Daumen steht geradeaus, und die anderen Finger sind gekrümmt und verkrampft.«[7] Aufnahmen von den Experimenten mit den von Friedrich benutzten Flöten gibt es nicht. Aber Ensembles, die mit historischer Aufführungstechnik so vertraut sind, dass man beim Hören von Friedrichs Sinfonien oder Flötenkonzerten in die Gefühlswelt des Königs abtauchen kann. In einem Brief an den Grafen von Schaumburg- Lippe bekannte Friedrich, dass die Musik »der gewaltigsten und leidenschaftlichsten Beredsamkeit gleichkommt. Sie spricht zum Gemüt, und wer davon Gebrauch zu machen versteht, vermag seine Gefühle dem Hörer mitzuteilen«.

Neues Palais und Communs, nach Krüger, 1770.

2. *Friedrich habe einen konservativen und überholten Geschmack gepflegt*

Besuchen Sie öfter das Neue Palais im Park von Sanssouci? Zugegeben, das intime Weinbergschloss oder das verträumte Rheinsberg schließt man leichter ins Herz als diese kolossale Anlage. Ich schaue dort regelmäßig vorbei und bin fasziniert von der Vielfalt der Raumgestaltungen, der Möbel, Spiegel, Gemälde, Porzellane und Stofftapeten. Etliche Zeitgenossen und Altvordere regt das Schloss jedoch nicht an, sondern auf. Es wird als Beleg für Friedrichs »konservativen und anachronistischen Geschmack« gewertet, es »verkörpert des Königs reaktionäre Machtvorstellungen«.[8] Man streitet über den Sinn und Unsinn dieser Schlossanlage und meint letztlich die Sinnlosigkeit seiner Politik. Es ist also angebracht, für weitere Schlussfolgerungen einen Moment beim Palais zu bleiben. Was heute Museum ist, war bis 1918 Wohnschloss der kaiserlichen Familie. Wilhelm II. lebte im linken Flügel. Als Kind hatte er seine Zimmer über denen seiner Eltern. Seine Turnhalle war unter der Schlosskuppel. Nach 1870 wurde das Palais auf den technisch aktuellen Stand gebracht, man elektrifizierte die Deckenleuchter der friderizianischen Zeit, eine Heißluftheizung ersetzte die alten Kamine, statt der Leibstühle gab es wassergespülte Toiletten, Badezuber tauschte man gegen Wannen. Gekrönte Häupter fuhren in Kutschen und Automobilen vor, Kuriere ritten ständig ein, Hofdamen und Gäste des Hauses flanierten bei schlechtem Wetter in den Sälen, bei gutem Wetter spielten die Prinzen mit Hunden im Park, es gab dort auch Theateraufführungen. Hinter den Ministern und Offizieren saß ordentlich gekleidetes Volk. Wenn kein Wind ging, roch es wie zu Friedrichs Zeiten im Hof von der Communs her, wo gekocht wurde, nach Essen. Wurden Stallungen am Palais ausgemistet, roch es danach, wie zu Friedrichs Zeiten. Die Garde marschierte dort auf, es gab Manöver, Feuerwerke und Maskenbälle.

Scheuten betrunkene Kavaliere die Treppen zu ihrem Quartier in der Communs, schliefen sie hinter den Hecken ihren Rausch aus. Wo man sich auch, wenn es keinen Aufschub duldete, seiner Notdurft entledigte, zu Friedrichs wie zu Kaisers Zeiten. Es gab im Schloss tratschende Diener, bestechliche Wachen und intrigierende Hofschranzen.

Kurz, im Neuen Palais wurde gelebt, geliebt, gestorben und geboren. Friedrich lässt man das Neue Palais allerdings bis heute nicht durchgehen. Für die einen ist die Errichtung des Gebäudes reine Geldverschwendung, für die anderen, wie den Friedrich-Kritiker Stein, hat der Neubau »nur den Sinn, Preußens Großmachtstellung nach dem Krieg zu demonstrieren«. Allerdings: Ob im alten Ägypten, im kaiserlichen Rom, ob im friderizianischen Potsdam oder im New York oder Schanghai der Gegenwart – Herrscherbauten sind stets Symbole der Macht und das soll man ihnen auch ansehen. Weil Macht naturgemäß konservativ ist, müssen es auch deren Symbole sein? Baubeginn des Palais war im Mai 1763, drei Monate nach Ende des Siebenjährigen Krieges. Der Schlossbau war lange vor seiner Grundsteinlegung geplant, die Bauzeichnungen fertig und vom König genehmigt. Aus dem Jahre

Zauber der weißen Rose, 1829.

1754 sind Entwürfe für die Innenraumgestaltungen erhalten, die so nach 1764 umgesetzt wurden. Friedrich hatte aber schon mit seinem Baumeister Knobelsdorff, er starb 1753, über eine repräsentative Schlossanlage gesprochen, bereits um 1748 muss es dafür Pläne gegeben haben. Der König hatte allen Grund, ein Gästeschloss bauen zu lassen. Nach der erfolgreichen Eroberung Schlesiens im Jahre 1742, mit dem wirtschaftlichen und kulturellen Aufschwung Preußens, wurde Potsdam ein begehrtes Reiseziel. Nicht nur für Handwerker, Künstler, Bankiers und Abenteurer, um deren Quartier kümmerte sich der König für gewöhnlich nicht. Aber für regierende Fürsten, die weitverzweigten Familienangehörigen und Adlige, die sich mit der neuen »kleinen Großmacht« (Sebastian Haffner) irgendwie arrangieren mussten, hatte König Friedrich als Gastgeber durchaus standesgemäße Unterkünfte anzubieten. Und wenn vier Fürsten gleichzeitig mit ihrer vielköpfigen Entourage zu Besuch kamen, waren sämtliche Quartiere auch in Berlin und Charlottenburg belegt. Sanssouci bot mit fünf kleinen Gästezimmern, die nicht einmal abgeschlossene Wohnungen waren, überhaupt keine würdige Unterkunft, es war eine Absteige. Am Neubau eines ausreichend dimensionierten Gästeschlosses führte kein Weg vorbei, das war Friedrich und Knobelsdorff schon vor 1750 klar. Der Baubeginn für das Palais im Park von Sanssouci hatte also überhaupt nichts mit dem überstandenen Siebenjährigen Krieg zu tun. Und die »pompöse Formensprache«, das »Gigantomanische«, was man gern der Anlage mit Stallungen, Wachen und eigenen Gärten vorwirft, ist schlicht und einfach dem Zweck geschuldet. Es ist ein Fünf-

Sterne-Hotel für herrschaftliche Gäste gewesen. Heute sind Fünf-Sterne-Hotels großzügige Anlagen, an Marmor und Blattgold wird nicht gespart, Wellness, Schwimmhalle, Fitness, Kino und Golfplatz gehören selbstverständlich dazu, warum sollte Friedrich seinen Gästen die damals gültigen Standards wie Theater, Tanzsaal, Konzertzimmer und Bildergalerie vorenthalten? Das Neue Palais ist kein genialer Wurf, was den Grundriss und die Fassadengestaltung betrifft. Der König greift auf bewährte Stereotype zurück, aber wie anders hätte man 1763 ein repräsentatives Gästeschloss bauen sollen?

Nirgendwo in Europa war zu der Zeit der später folgende Klassizismus bereits so entwickelt, dass man diesen Stil als Grundlage hätte nehmen können. Friedrich beschäftigte sich Zeit seines Lebens mit Architektur. »Kaum ein anderer absolutistischer Fürst des 18. Jahrhunderts hat sich so intensiv um das Bauwesen seines Landes gekümmert, wie Friedrich II.... Er legte fest, was wann, wie und wo gebaut wurde«, fasste Joachim Giersberg 1986 zusammen. In den Aufzeichnungen eines Zeitgenossen Friedrichs lesen wir: »Der König hatte in seinen Zimmern beständig die Werke eines Piranesi und Panini auf dem Tisch liegen.« Neben dem Praktiker Knobelsdorff wurde der Schöngeist Algarotti Friedrichs Berater in Stilfragen. Er versorgte den König mit Stichen der neuesten Bauten, die in Europa errichtet wurden, brachte ihm aber auch den klassischen Palladio nahe. Entwarf Friedrich Bürgerhäuser, waren es oft Kopien oder Nachschöpfungen italienischer Gebäude, Kraft zu eigenen Findungen wie Knobelsdorff hatte der König nicht. Dafür schuf der König mit Potsdam ein beispielloses Gesamtkunstwerk. Ganze Straßenzüge gestaltete er selbst. Leider ist davon nach dem Bombenangriff der Alliierten am 14. April 1945 kaum etwas übrig geblieben. Was geblieben ist, erinnert an klassische Architektur. Was auch nicht jeder so sehen wird, ich höre schon den Ruf: Jetzt haben wir Dich, lieber Autor, Du hast Dir selbst ein Bein mit Deiner Argumentation gestellt. Was ist denn mit diesem schrecklichen Monstrum von Alter Bibliothek in Berlin unter den Linden? Sieht aus, wie um 1720 gebaut, stammt aber aus dem Jahre 1780, als wirklich klassizistisch gedacht wurde.

Herrscherbauten sind auch Propagandabauten, das Aussehen der Alten Bibliothek ist Propaganda pur. In der Wiener Hofburg, Residenz der Habsburger, ist das Original zu besichtigen; ein 1735 begonnener Teil des Kaiserpalastes. Aus Geldmangel mussten die Arbeiten eingestellt werden, Wien

Alte Bibliothek in Berlin, errichtet von 1776 bis 1780.

konnte sich also die eigene Propaganda nicht leisten. Woraus Friedrich nach dem Sieg über Österreich ein Schulstück ableitete und das in Wien unvollendete Gebäude in Berlin errichten ließ. Die Botschaft: Wer außer Preußen ist zur Führung des Deutschen Reiches geeignet?

An dieser Stelle wollen wir noch mit einer anderen, bislang gern missverstandenen Symbolik Friedrichs aufräumen. Sie betrifft seine Grabstelle. Der König hatte schon früh testamentarisch verfügt, auf der Terrasse von Sanssouci in einer Gruft beigesetzt zu werden. Nach Friedrichs Tode ignorierte der Thronfolger die Verfügung, teils war die Gruft verfallen, teils lagen dort unten einige seiner Hunde. Dass Friedrich seine letzte Ruhe neben seinen Tieren haben wollte, begründet man bis heute gern mit des Königs angeblicher Menschenfeindlichkeit, ja Verachtung seiner Spezies. Den wahren Grund, warum der König dort begraben sein wollte, hat Henning Wrede klar herausgestellt:

»Daß sich Friedrich unmittelbar neben den Gräbern seiner Hunde bestatten lassen wollte, hat nichts mit damit zu tun, daß er die Tiere mehr als die Menschen liebte, sondern mit seinem kynischen Denkmodell, wonach der Hund im Bettler den wahren König, nämlich den zurückgekehrten Odysseus erkennt« (2002).

Zurück zu Friedrichs angeblich konservativem Geschmack. Wolf Jobst Siedler dazu in seinen vor vierzehn Jahren erschienenen »Spaziergängen durch Preußens Arkadien«: »Der König selbst zeichnete für Potsdam ein trockenes Stadthaus nach dem anderen, ... einmal kommt sogar unter englischem Einfluß etwas wie Neogotik zustande, ziemlich scheußlich… Hätte er, wie er manchmal möchte, Zeit und Kraft zu einem neuen Schloß, es würde wieder dasselbe daraus, wahrscheinlich noch einmal ein Neues Palais.« Klingt schmissig, hört sich an wie aus berufenem Munde, die Realität sieht aber anders aus. Nach 1770 plante Friedrich hinter dem Neuen Palais eine Parkerweiterung mit einer Reihe von Gebäuden »nach englischem Vorbild«, also der neuesten Mode. Vom antiken Mausoleum, über eine ausgeführte Pagode, weiter an einem gotischen Gasthaus vorbei, sollte der Besucher an eine Moschee gelangen. Dazu gehörten auch Parklandschaften. Barockgärten ließ Friedrich nicht mehr anlegen. »Wir wissen heute, daß Friedrich II. auch nach dem Tode von Knobelsdorff modernen Tendenzen in der internationalen Stilentwicklung aufgeschlossen gegenüberstand.«[9]

Wäre Knobeldorff nicht so früh gestorben, wären die Impulse nach Europa aus Potsdam und Berlin gekommen. An dieser Stelle soll ein weiterer und sich hartnäckig haltender Irrtum zur Sprache kommen, er betrifft das Verhältnis des Königs zu Knobelsdorff. Man liest es landauf, landab und hört es in jeder Schlossführung: Das freundschaftliche Verhältnis zwischen dem König und seinem Baumeister sei wegen des Baues von Sanssouci zu Bruch gegangen. Der König wollte das Schloss so ausgeführt, wie wir es kennen, weit von der Treppe zurückgelegen und zu flacher Erde, damit er aus den Fenstertüren ins Freie treten konnte. Knobelsdorff wollte das Schloss näher an die Treppenanlage und dazu auf einen Sockel stellen. Die Legende sagt, beide beharrten auf ihrer Position, daraus sei Streit entstanden, beide hätten sich beleidigt gefühlt, naturgemäß musste Knobeldorff den Kürzeren ziehen. Nichts von dem stimmt. Meinungsverschiedenheiten zwischen Friedrich und Knobeldorff gab es tatsächlich, aber die betrafen ausschließlich des Baumeisters Auffassung von seiner Amtsführung. Gegen die Bauverwaltung hatte der König berechtigtes Misstrauen, es verschwanden nicht nur enorme Mengen von Baumaterial von den königlichen Bauplätzen und Lagern, auch die Verwaltungsangestellten ließen etliches im märkischen Sand verschwinden, bevorzugt dort, wo sie gerade selber bauten. Knobelsdorff als oberster Baukonduktor war für die Kontrolle des Amtes zuständig, hatte aber keine Lust, sich damit zu befassen. Unterschlagung und Betrug auf Friedrichs Kosten gediehen. Der König mahnte, bat um korrekte Amtsführung, der Schlendrian ging weiter. Am 22. Mai 1747 platzte Friedrich der Kragen. Er schrieb an Knobeldorff: »Ich erinnere mich zwar nicht, daß ich Euch vorhin dispensiert habe, mit der Einnahme und Ausgabe der Gelder nicht immediate gewesen zu sein, da aber doch die Bauten Eurer Direktion geführet und die Ausgaben fast sämtlich auf Eure Assigeration versehen sein, so kann ich nicht anders, als Euch mein äußerstes Mißgefallen darüber zu erkennen geben, daß Ihr nicht mehr Ordnung und Richtigkeit gehalten.«

Widmen wir uns weiter Friedrichs »stockkonservativem« Geschmack, von dem sich jeder Besucher in des Königs Bildergalerie, rechts neben dem Weinbergschloss überzeugen kann. Es war nicht nur einer der ersten eigenständigen Museumsbauten Deutschlands. Wie Friedrich die Gemälde präsentierte, entspricht bis heute gültigen, modernen

Maßstäben. »Hier werden die Sujets der Gemälde so abstrakt kombiniert und ironisiert, daß tatsächlich die reine Kunstbetrachtung übrig bleibt.«[10] Über Friedrichs Einstellung zur deutschen Sprache und zum Theater ist viel geschrieben worden, ein Zitat mag zusammenfassen, was immer noch Usus ist: »Seiner konservativen Kunstauffassung entsprechend setzte er die einmal akzeptierte höfisch bestimmte Kunst zum absoluten Maßstab. Das deutsche Theater war ihm nie mehr als ein geeignetes Vehikel, um dem ungebildeten Volk zu etwas mehr Gesittung zu verhelfen.«[11]

Ja, werte Frau Freydank, was kann ein Theater denn mehr leisten, als mit Lessing oder Goethe – diese Autoren wurden zu Friedrichs Zeit in Berlin gespielt – der Unbildung des zu Volkes Leibe zu rücken? Friedrich hat die klassischen römischen Autoren und französischen Klassiker bevorzugt, dennoch hat er genau zur Kenntnis genommen, was um ihn herum geschrieben und komponiert wurde. Warum war Friedrich konservativ, wenn er Glucks Musik und Goethes Verse ablehnte? Ist konservativ, wem heute das neue Theaterstück von Botho Strauß oder die letzte Komposition von Pierre Boulez nichts sagt?

Kritik an Friedrichs Geschmack gab es schon zu dessen Lebzeiten, der Grund dafür ist schnell ausgemacht. Kein Fürst des 18. Jahrhunderts hatte sich mit seinen Ansprüchen die Latte so hoch gelegt wie dieser Monarch. Kein Fürst wurde in dem, was er tat, so genau beäugt wie Friedrich. Joseph Richter, ein Wiener Hofbeamter, trug alles an Informationen zusammen, was er über Friedrich erfahren konnte, um, kaum war Friedrich tot, seine Abrech-

Die Narrheit schmückt das Alter mit den Attributen der Jugend, Stich von Coypel, 1743.

nung mit dem Preußen zu veröffentlichen. Natürlich wurde das »Lexikon aller Anstößigkeiten und Prahlereien« ein Bestseller, viele Male aufgelegt, in Raubdrucken verbreitet und auch übersetzt. Unter dem Stichwort Architektur lesen wir: »Friedrich, der sehr viel baute, verstand von der Architektur sehr wenig. Da er die Regeln der Baukunst nicht

Boulleés' Entwurf einer Basilika,
1780.

wußte, und dennoch zu allen seinen Gebäuden die Risse selbst anfertigen wollte, kamen bisweilen Gebäude zum Vorschein, … die einen komischen Anblick verursachten. Seine Gebäude hatten noch den unbedeutendsten Fehler, daß sie nach zwanzig Jahren schon wieder baufällig waren.« Über Friedrichs Dichtungen schrieb er: »So sehr auch Voltaire an Friedrichs Versen gefeilt hat, so vermißt man doch das Feuer an ihnen, welches wahre Dichter begeistert und von Skriblern und elenden Reimern unterscheidet. Sein Ausdruck ist matt, gezwungen und meist prosaisch. Seine Oden sind äußerst langweilig, zur Unterhaltung möchte ich sie niemandem empfehlen.« Den »Dekorationsmusiker« Friedrich haben wir bereits bedacht, über den konservativen Politiker wird noch berichtet. Friedrichs Geschmack war nicht seine Privatangelegenheit, Bauen war eine Art Regieren. Friedrich ließ hochmoderne Gebäude wie die Berliner Oper oder das Palais des Prinzen Heinrich errichten, aber auch nach veraltetem Muster bauen, wie an der Bibliothek gegenüber der Oper zu sehen. Forschungsarbeiten der letzten Jahre lassen gar keinen anderen Schluss zu, als dass Friedrich neuen Tendenzen in Kunst und Wissenschaft offen gegenüberstand und sie förderte. Über die Gigantomanie eines Boulleé schüttelte er den Kopf, ein bloßer Neopalladio war ihm zu wenig.

Friedrich hatte einen ausgeprägten Gestaltungswillen, und seine Intentionen gingen nach Gesamtkunstwerken, egal ob als Stadtplaner, Gartenarchitekt oder Bauherr von Schlossanlagen. Friedrichs Dichtungen und Kompositionen gehören nicht zur Avantgarde, aber diesen Anspruch stellte er auch zu keiner Zeit.

König Friedrich um 1743.

3. *Friedrich habe sich als König nicht mehr porträtieren lassen*

»Ich werde nicht gemalt, ich lasse mich nicht mehr malen, so kann ich Ihnen nur eine Gedenkmünze geben«, schrieb Friedrich 1743 an Voltaire. Warum der König seinem hochverehrten Freund den Wunsch abschlug, hat mehrere Gründe. Nach dem gewonnenen ersten Schlesischen Krieg war Friedrich populär, der Run auf Bildnisse von ihm enorm, der König aber wünschte keinen Personenkult, sondern eher als Philosoph, als Diogenes in der Tonne (Sanssouci) zu leben. Tatsächlich aber wuchs mit jedem weiteren Krieg, man muss fast sagen, mit jeder weiteren Schlacht, die er in den folgenden Kriegen noch lenkte, seine Popularität derart, dass gar nicht so viele Stiche gedruckt und Gemälde gemalt werden konnten. Zu denen er angeblich nie Modell gesessen hat. Und weil Friedrich das selbst so schrieb, nahmen es beinahe alle Historiker wörtlich, die in den zweihundertzwanzig Jahren seit seinem Tod immerhin mehr als vierhundert Biographien über ihn verfasst haben. Ersparten sich eigene Recherchen, obwohl sie an den Quellen saßen und sitzen. In einem der jüngsten Werke über den König, der Biographie von Kunisch, steht zu unserem Thema, »daß Friedrich mit der Thronbesteigung konsequent und rigoros darauf verzichtet hat, sich porträtieren zu lassen«. Der englische Kunstwissenschaftler North setzte noch eins drauf: »Nach dem Überfall auf Schlesien konnte sich der König selbst nicht mehr ertragen und hat sich fortan nicht mehr malen lassen.« Das wird von Schlossführung zu Schlossführung nacherzählt, obwohl die Beweise für das Gegenteil vor unser aller Augen hängen. Friedrich hat sich nach seinem Regierungsantritt durchaus malen lassen und das nicht nur einmal.

Lieber Autor, willst Du Dich über jede Kleinigkeit aufregen?

Eine Kleinigkeit, einverstanden, aber die Masse falscher Details gibt in der Summe ein anderes Friedrichbild, man erkennt den König nicht wieder.

Erstes Porträt des Prinzen.

Fangen wir von vorn an: Zu welchem Zweck wurden Herrscherporträts angefertigt? So wie heute in jeder Parteizentrale die Fotos der Vorsitzenden hängen, schmückten einst Herrscherbildnisse die Ahnengalerien in den Schlössern. Nicht nur der eigenen, es gab natürliche und angeheiratete Verwandte, die mit Porträts beschenkt werden mussten, es gab Bündnispartner, die auf diese Weise bedacht wurden, in Amtsstuben und Ministerien war der herrschaftliche Anspruch zu vertreten. Das Fürstenporträt diente damals dazu, heute ist es das Foto des Bundespräsidenten. Porträts wurden aber auch an erfolgreiche Militärs, Minister oder Vertraute verschenkt. Der Bedarf nach Herrscherbildnissen war da, dem konnte sich auch Friedrich nicht entziehen und er tat es auch nicht. Was er ablehnte, war die imperiale Pose. So wie Ludwig XIV. oder August der Starke sich malen ließen, werden wir Friedrich nirgendwo porträtiert finden.

Andererseits kenne ich mit einer Ausnahme kein Bildnis von ihm, das den Betrachter in das Seelenleben des Königs ungeschönt und ungeglättet hineinlässt, wie es Goya in einigen seiner Herrscherporträts gelungen ist.

Hyanzinthe Rigaud, Ludwig XIV. um 1700.

Pesne, Friedrich als Zehnjähriger.

1714 gab Friedrichs Mutter beim Hofmaler Pesne ein Doppelbildnis in Auftrag, wir sehen den noch kleinen Prinzen Friedrich, der seine Schwester Wilhelmine fortziehen möchte. Mit seinen Trommelstöcken zeigt er in die Richtung, der Hund ist schon auf dem Sprung. Wenig später malte Pesne den Prinzen als Chef seines Kadettencorps. Friedrich hält als Attribut des Offiziers den Sponton.

Je älter der Prinz wurde, desto mehr Porträts entstanden. 1733 heiratete er Prinzessin Elisabeth Christine von Braunschweig-Bevern. Hofmaler Pesne hatte alle Hände voll zu tun, die Verwandtschaft und befreundete Höfe mussten mit den Konterfeis des vermählten Paares versorgt werden. Wie viele Kopien davon in der Malerwerkstatt angefertigt wurden – für das heutige Medienpublikum wären das großformatige Fotos in Hochglanzmagazinen – lässt sich nur vermuten. 1734, als König Friedrich Wilhelm schwer erkrankte und sich Friedrich auf die Thronfolge einstellte, ließ man sein Porträt wiederum vielfach anfertigen, um den zahlreichen Herrscherhöfen das Bildnis des neuen Königs übersenden zu können. Mit einer Kopie mochte sich Prinzessin Wilhelmine im fernen Bayreuth jedoch nicht abfinden, sie hatte genaue Vorstellungen von einem Porträt: »So bitte ich Dich um Dein Bildnis von Pesne als Kniestück; das Bild, das ich von Dir habe, ist Dir gar nicht mehr ähnlich«, schrieb sie am 7. Februar 1736. Friedrichs Antwort vom 10. März: »Pesne bietet seine ganze Kunst auf, um Deinem Befehl gemäß ein gutes Bild von mir zu malen. Ich bitte ihn stets, nicht so viel Gewicht auf die Gesichtszüge zu legen, sondern viel mehr die Gefühle auszudrücken, die ich für Dich hege.«

Anlässlich der Friedrich-Ausstellung 1986 im Neuen Palais notierte Claudia Meckel über das populäre Friedrich-Porträt: »Antoine Pesne gelingt mit dem Gemälde von 1739 das wohl ausdrucksvollste Bildnis, das auch nach der Thronbesteigung in dichter Folge von ihm und anderen Malern und Stechern wiederholt wurde … Ein Grund für die über Jahre fehlenden Neuschöpfungen im Bildnis ist die zunehmende Ablehnung Friedrich II., sich malen zu lassen, und der persönliche Verzicht auf Idealisierung seiner Erscheinung …«

Nach dem Ende des zweiten Schlesischen Krieges 1746 wurde der europäische Markt mit Porträtstichen des Königs überschwemmt. In Amsterdam, London und Paris gedruckt, von verschiedenen Künstlern entworfen. Griffen die alle auf das »offizielle« Pesne-Porträt Friedrichs zurück?

1763 ging der Siebenjährige Krieg zu Ende, Friedrich hatte den Österreichern, Russen Franzosen, Sachsen und Schweden trotzen können, er war Gewinner, Held. Keine europäische Zeitung, in der es nicht um Friedrich gegangen wäre, kein Moritatensänger ließ sich das Thema Friedrich entgehen, Theaterstücke, Oden und Satiren wurden auf ihn verfasst, er war der populärste Mann in Europa. Man feierte ihn sogar in Sizilien und in der Türkei. Ein aktuelles Porträt des Königs galt als Siegestrophäe. Sollte Friedrich sich solch einer zumeist bewundernden Aufmerksamkeit entziehen? Er tat es nicht. Er saß Modell, und wem er nicht saß, dem saß er doch. Aber der Reihe nach.

Friedrich, gesundheitlich gründlich ruiniert, gönnte sich, nachdem die Tore des Kriegstempels geschlossen waren, keinen Moment Ruhe. Er bereiste die verwüsteten Provinzen, organisierte den Wiederaufbau und bereiste auch befreundete und verwandte Höfe. Eine solche Reise führte ihn im Juni 1763 zu seiner Schwester, der Herzogin Philippine Charlotte von Braunschweig. Die Geschwister hatten sich länger nicht gesehen, ein Grund mehr für die Herzogin, Friedrich um ein Porträt zu bitten. Sie muss ihr Ansinnen vorbereitet haben, denn der Hofmaler Johann Georg Ziesenis, er galt als einer der gefragtesten in Deutschland, war auch zur Stelle. Das Braunschweiger Hofprotokoll liefert dazu folgenden Hinweis: »Am 18. saßen Sj. Majestät Vormittags dem Ziesenis eine knappe Stunde, wo dieser eine Zeichnung von Sj. Majestät ausführte.« Sowohl Vorzeichnung als auch das danach entstandene Porträt sind erhalten, letzteres wurde wiederum im Auftrag Friedrichs und der Herzogin viele Male kopiert und weiterverschenkt. Wir haben es also mit einem offiziellen Bildnis zu tun.

Im Ausstellungskatalog von 1986 heißt es über

J. G. Ziesenis, Friedrich II.,
Ölskizze vom 18. Juni 1763.

Ziesenis Arbeit: »Er malt den König als reifen Mann, der scheinbar die Strapazen seines Krieges überwunden hat.« Keine Spur von den eingefallenen Wangen, den scharfen Falten um Mund und Nase, dem scharfen Profil mit spitzer Nase und kantigem Kinn, das bald als »typischer Fritz« kursieren sollte. Keine Frage, Ziesenis hatte mit seinem Bild geschönt und geglättet. Dem wahren Aussehen viel näher kam ein Berliner Maler, Johnann Heinrich Christian Franke.

Hier ist nichts aufgehübscht, Friedrich schaut ernst und gefasst, wir sehen das scharfe Profil, der vom Wuchs kleine König ist als gebrechlicher Mann zu spüren, das Bildnis hat nichts von einem übli-

J.H.C. Franke, Friedrich, um 1765.

chen Herrscherporträt. Saß Friedrich dem Maler auch Modell? Was berichten die Hofakten darüber? Franke war weder Hofmaler noch hatte er eine besondere Präferenz beim König. Dennoch erhielt er von Friedrich den Auftrag, mehrere Portäts von ihm anzufertigen. Der Berliner Chronist und Verleger Friedrich Nicolai schrieb 1769 über Franke: »hat ein Bildnis des itztregierenden Königs gemalt, welches sehr oft kopiert worden, und für ähnlich gehalten wird.« Ich halte es für das beste. Aber auch Daniel Chodowiecki, der berühmte Berliner Kupferstecher, schuf ein erstklassiges Werk, sowohl in der Charakterisierung des Königs als in der Ausführung. Das Reiterbild mit Friedrich zieren heute Servietten, Untertassen, Bierdeckel und Einkaufstüten.

D. Chodowiecki, Friedrich zu Pferde.

Saß Friedrich Modell? Nein. Weder bei Franke noch bei Chodowiecki. Und dennoch saß er diesen beiden Modell. Wie das zuging, erfahren wir mit der Entstehungsgeschichte des dritten, sehr populären Friedrichportäts, nämlich dem von Anton Graff aus dem Jahre 1781. Anton Graff malte es im Auftrag des preußischen Gesandten in Dresden, Philipp Karl von Alversleben. Die Arbeit wurde sogleich als Stich herausgegeben und trat ihren Siegeszug an. Der Stecher hieß Johann Friedrich Bause, und ihm hatte Graff 1786 anvertraut, wie er Zugang zum König fand: »Herr Graff malte es vor fünf Jahren, als er in Berlin war, ging er alle Tage auf die Parade, markierte sich den Monarchen, wozu man ihm Gelegenheiten schaffte, ihn recht nahe sehen zu können und ging in sein Logis, um es malen zu können.« Praktischer konnte es aus Friedrichs Sicht nicht gehen; jeder, der sich auswies, konnte den König zeichnen, wenn er in Berlin oder am Potsdamer Stadtschloss Paraden abhielt und exerzieren ließ, dabei stundenlang unbeweglich im Sattel saß.

Damit nicht genug. Der italienische Bildhauer Cavaceppi besuchte 1770 Potsdam und bat den König um eine Sitzung. Er bekam sie. Cavaceppi notierte dazu in seinem Reisetagebuch dass »seine Majestät mir eine Stunde des Studiums gewährte, und ich ihn zeichnen durfte«. Das Ergebnis der Arbeit, die marmorne Porträtbüste des Königs, steht in Sanssouci. Friedrichs verehrter und bespotteter Freund Voltaire ließ mit seiner Bitte nach einem aktuellen Bildnis des Königs auch nicht locker, und so antwortete Friedrich ihm am 17. Juni 1775: »Das Porträt, daß Sie erhalten haben, ist ein Werk von Madame Terbusch, die, um ihren Pinsel

Friedrich nach einem Gemälde von Benjamin Calan.

nicht über Gebühr zu erniedrigen, meinem schartigen Antlitz den Zauber von Jugend verliehen hat.« Es gibt noch etliche originelle Königsportäts, deren Entstehung unklar ist. Die Forschung wird es herausfinden.

Zugegeben, Friedrich hat selbst Nahrung zur Legende gegeben, sich als König nicht mehr malen zu lassen. Die Realität ist eine andere. Das 19. Jahrhundert hat aus diesem Irrtum eine Wahrheit gemacht, denn »als erster Diener seines Staates hatte dieser unermüdliche große König nur noch den Sinn für das große Aufbauwerk«

Schlacht bei Leuthen, 3. Dezember 1757.

4. *Friedrich sei Erfinder der schiefen Schlachtordnung*

Was fällt Ihnen zur schiefen Schlachtordnung ein? Den meisten wahrscheinlich gar nichts, oder etwas Kurioses: eine schiefe Ordnung ist eben keine Ordnung, da läuft etwas schief. Einige werden sagen: Da war doch etwas mit dem alten Fritz und Leuthen.

Bevor Sie Ihre Nachschlagewerke bemühen, fragen Sie Ihre Kinder, so sie im computerspielfähigen Alter sind. Ich habe keine Ahnung, wie oft diese Dinge verkauft werden, stieß nur unlängst beim Zappen auf die berüchtigte Computerspiel-Werbesendung von NBC, wo nach zweiundzwanzig Uhr »nur für unsere volljährigen User« die Schlacht von Leuthen angeboten wurde. Preußen mähten in der schiefen Schlachtordnung reihenweise die Österreicher nieder, ließen ihnen keine Chance zur Flucht oder sich zu sammeln. Besonders erbittert der Kampf an der Friedhofsmauer im schlesischen Dorf Leuthen. Mann gegen Mann. Mit aufgesetztem Bajonett in die Eingeweide. Wieder eine feindliche Fahne erobert. Preußen-Männecken reiben Österreicher-Männecken auf, natürlich hört man nichts vom Geschrei der Sterbenden, Gewehrlärm oder Kanonendonner. Zu authentisch soll das Spiel auch nicht sein. Sie können, wenn Ihr Computer gerade summt, auch über Google »Schiefe Schlachtordnung« oder »Friedrich der Große schiefe Schlachtordnung«, eingeben. Sie werden mit Dutzenden Einträgen bedacht, hauptsächlich mit Reiseberichten von Schlachtenbummlern. Seit der Wende 1989 haben sich nämlich etliche Reiseunternehmen erfolgreich auf diese Art Tourismus in Richtung Osten spezialisiert; das Besichtigen von historischen Schlachtfeldern. Ein eher kleines dieser Unternehmen wirbt damit, in den letzten zehn Jahren mehr als fünfzehntausend Interessierte nach Leuthen begleitet zu haben, »dem Ort, wo Friedrich der Große seinen schönsten Sieg im Siebenjährigen Krieg errang dank seiner genialen Erfindung der schiefen Schlachtordnung. Nur 35 000 Preußen standen 68 000 Österreichern gegenüber.« Liest man dann in den Reiseberichten, kommt es einem vor, als wären »Ehemalige« die Verfasser, Überlebende der Schlacht von Leuthen. Bis ins Detail wird gesimpelt, was sich am 4. Dezember 1757 zutrug. Zuerst über den rettenden, weil verbergenden Nebel über dem Schlachtfeld, dann, welche Kompanien wann in das Gemetzel geführt wurden, welche

Kanonen wo welchen Schaden, »Treffer«, anrichteten, das unentschiedene Vor und Zurück der Truppen, bis Friedrich, aus sicherer Entfernung die Schlacht kühl leitend, endlich seine Trumpfkarte zog und die Österreicher überrumpelte. Das Kanonenloch in der heißumkämpften Leuthener Friedhofsmauer kommt zur Sprache. Ein Bericht endet so: »Unter Anleitung erfahrener Offiziere konnten wir uns einen tiefen Einblick in das Kampfgeschehen von Leuthen verschaffen.« Und so stapft von Januar bis Dezember das tapfere Fußvolk über schlesische Äcker.

Wer weder das Internet nutzt noch als Schlachtenbummler in Erscheinung tritt, wird seine Bücher zur schiefen Schlachtordnung befragen. Im »Militärischen Lexikon« von 1872 stellt man uns den König »als genialen Feldherrn und Erfinder der schiefen Schlachtordnung« vor. Bis 1945 schien diese Behauptung auch Usus an deutschen Schulen und Universitäten gewesen zu sein. Wogegen sich jüngst der Historiker Preisendorfer in einem Beitrag für DIE ZEIT wehrte: »Friedrichs militärischer Vorteil bestand in seiner Unberechenbarkeit, nicht in Skurrilität wie der schiefen Schlachtordnung, die aus der Antike geborgt, hoffnungslos antiquiert war und – anders als die Legende meint – nur einen einzigen Überraschungsangriff erzielte.« Fürchtet der Autor nicht das schon zahlenmäßig beachtliche Heer organisierter Zinnsoldatensammler, das in eigenen Monatsschriften, regelmäßigen Messen und Tauschbörsen die Schlachten von König Friedrich darstellt und möglicherweise besser beherrscht als die Theoretiker? Was hat es mit dieser schiefen Schlachtordnung nun auf sich?

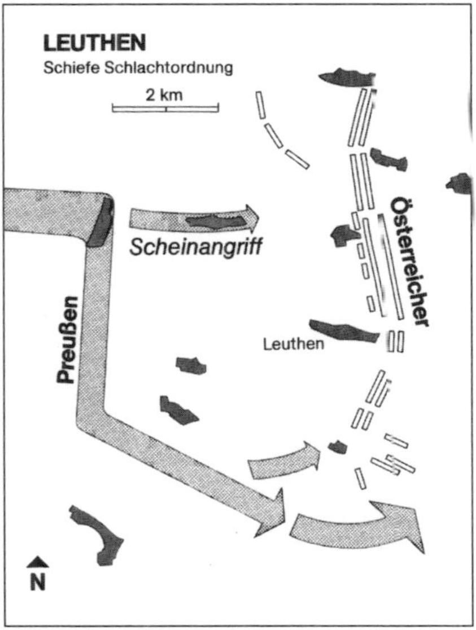

Schema der schiefen Schlachtordnung.

Sie ist ein Bluff, eine Täuschung des Gegners. Zwei Armeen stehen sich nicht frontal gegenüber. Friedrich ließ in Leuthen seine Truppen in schräger Linie aufstellen. Die Österreicher sahen also nur den vorderen, dünn besetzten Teil des Heeres, hatten keinen Überblick, was sich schräg dahinter verbarg, und stürzten sich sogleich auf den vermeintlichen Schwachpunkt. In dem Moment rollten die Preußen vom starken Flügel die Österreicher von hinten durch Einkreisung auf. »Über Leuthen und die schiefe Schlachtordnung haben die Militärhistoriker ausführlich abgehandelt. Es entstand der Eindruck, daß es sich dabei um den Stein des Weisen

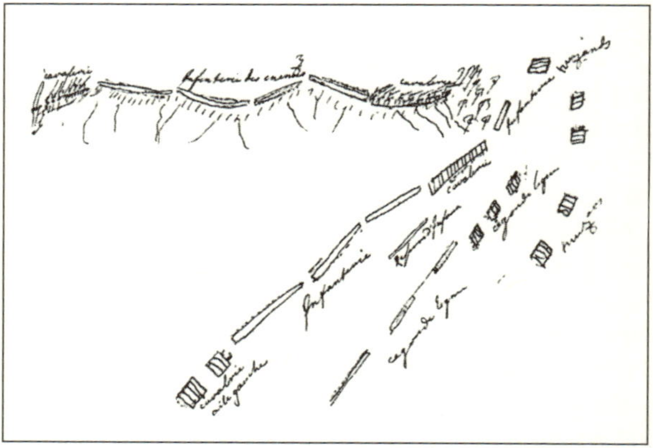

Friedrich II.; Skizze einer schiefen Schlachtordnung.

handele; sie anzuwenden hieße, den Sieg in der Tasche zu haben … Friedrich gewann Leuthen auch wegen der schiefen Schlachtordnung, aber nicht allein ihretwegen. Hinzukommen mußte ein Gegner, der eine befestigte Stellung räumte zugunsten eines Geländes, auf dem Friedrich von seinen Manövern her zu Hause war, mußte das neblige Wetter und die mangelhaft betriebene Aufklärung der Österreicher.«[13] Der Philosoph Hans Imhoff bleibt in seinem Vortrag zu »Verfassungsfragen« seiner Profession entsprechend in sicherer Deckung, der Sinn der schiefen Schlachtordnung besteht für ihn darin, dass Friedrich versucht, »einem Koloß ein Bein zu brechen und ihm die Stützen durch Reiterattacken wegzureißen.« Nach der Schlacht gab es keinen Frieden wie vom Preußenkönig erhofft. Es folgten die blutigen Treffen von Zorndorf und Kunersdorf. Friedrich versuchte es dort erneut mit der in Leuthen so erfolgreichen Taktik, seine Gegner aber waren gewarnt, die nächsten Schlachten gerieten für die Preußen zum Fiasko, der Nimbus des unbesiegbaren Königs war dahin.

Die Preußen-Historiographen des 19. Jahrhunderts steuerten gegen, in der besonders beliebten Lebensdarstellung von Kugler mit Menzels Zeichnungen wurde der glänzende Sieg von Leuthen wieder in den Mittelpunkt gerückt, und nach Ausrufung des deutschen Kaiserreichs 1871 bekam der Friedrichmythos noch einmal so richtig Schwung: »Man darf von Leuthen sagen, daß es die glorreichste Preußenschlacht gewesen ist. Die Walstatt liegt auf preußischem Boden, nicht fern von Breslau. Wie viele Preußen aber gibt es wohl, die sie kennen, während das Schlachtfeld von Waterloo, wo das Andenken sich auch auf die Briten verteilt, alljährlich der Zielpunkt tausender preußischer Reisender ist.«[14]

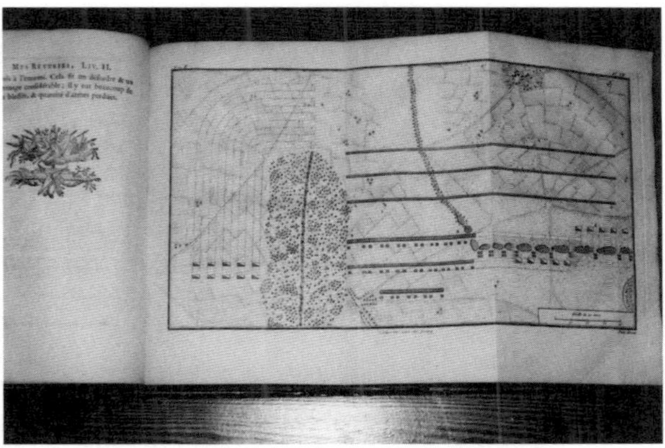

Moritz von Sachsen, Schlachtplan aus Mes reveries, 1751.

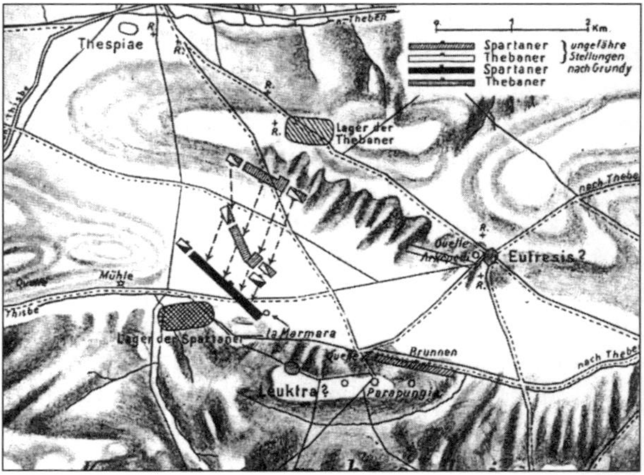

Kriegskunst in der Antike.

War Friedrich der Erfinder der schiefen Schlachtordnung? Zu Lebzeiten des Königs sah ihn niemand als dessen Erfinder an, nicht weil er den Ruhm verschmähte, oder die Feinde ihm den nicht gönnten, sondern weil diese Taktik damals allen Heerführern bekannt war.

Auch Friedrichs zweimaliger Gast in Sanssouci, Moritz von Sachsen, Marschall von Frankreich, hatte sich darüber Gedanken in seinem für die Kriegskunst epochalen Werk »Mes reveries« gemacht. Friedrich besaß nicht nur das Werk, es gibt dort zahlreiche Anstreichungen von des Königs Hand.

Nachweislich ist die schiefe Schlachtordnung erstmals vom Thebanischen Feldherrn Epaminodas in einem Gefecht 371 v. Chr. angewendet worden.

Über Friedrichs Praxis der schiefen Schlachtordnung schreibt ein Militärhistoriker: »Überschaut man die taktischen Lehren der Schlesischen Kriege, so führen sie in der schrägen Schlachtordnung zur Vollendung der Lineartaktik. Gleichzeitig wurde aber auch sichtbar, daß eine Weiterentwicklung der Kriegskunst unter den bestehenden Bedingungen nicht mehr möglich war ... Da der Schlachtenerfolg nicht mehr von einer einzigen Waffengattung errungen werden konnte, drängte die Entwicklung auf die Schaffung mehrerer selbstständiger Korps hin. Das bedeutete jedoch die Auflösung der linearen Schlachtordnung.«[15]

Die bis heute köchelnde Legendenküche hat zu Leuthen noch mehr parat. Wer von den Interessierten den militärischen Parcours bis hierher überstanden hat, wird von den »Eingeweihten«, den Legendenmachern, hinter die Kulissen des Geschehens geführt und erlebt quasi sein Initiationsritual. König Friedrich, so die Mär, nahm nach der Schlacht im nahegelegenen Schloss Lissa Quartier. Der Hausherr Baron Mudrach begrüßte ihn. Zuvor hatte im Schloss der österreichische Divisionsstab gesessen. Nach ihrer kompletten Niederlage verließen die Österreicher fluchtartig das Schloss. Zurückgebliebeen waren transportunfähige Verwundete. Soweit die gesicherten Fakten. Und jetzt die von Malern so gern und bildreich in Szene gesetzte Legende: König Friedrich betrat, begleitet von kleinem Gefolge, das Schloss und traf auf die österreichischen Offiziere, die entweder Wein tranken, Karten spielten oder einfach nur herumstanden. Österreicher, die Friedrich kommen sahen, hatten schreckgroße Augen. Der König lupfte seinen Hut und soll gesagt haben: »Bon soir Monsieurs. Gewiß haben Sie mich nicht erwartet, kann man hier auch noch unterkommen?«

Mit Menzels Zeichnungen zu diesem Geschehen wurde diese Gesichte damals so allgemein wie wirkungsvoll verbreitet, wie es in unseren Tagen nur noch die BILD-Zeitung schafft. Die Aussage war klar: Friedrich hatte den Feind nicht nur auf dem Schlachtfeld geschlagen, er überrumpelte ihn auch noch in dessen eigenem Quartier. Um es als Sieger mit ihnen zu teilen. Dass zu Krüppeln geschossene und liegengelassene Österreicher bei Friedrichs Erscheinen weder schön anzuschauen waren, noch ein Vivat auf Friedrich ausgebracht haben, wird auch Menzel aufgestoßen sein. Aber die Legendenmacher setzten noch eins drauf und installierten mit solchen Szenen den strengen aber gerechten Volkskönig, nämlich »unseren Fritz«.

A. Menzel, Friedrich in Schloss Lissa.

Das Pharaospiel, Stich von Ramberg.

5. *Friedrich sei ein Hasardeur gewesen oder: Was steht im Machiavelli?*

Über das Rokoko als Geisteshaltung haben wir gesprochen, bleibt dazu ein nicht unwichtiges Stichwort nachzutragen: Die Geselligkeit. Wozu auch jede Art von Spielen gehörte. Im 18. Jahrhundert gab es kaum jemanden, der nicht auf dem Brett oder mit Karten spielte. Ob Bauer, Handwerker, Dorfpastor, Edelmann oder Fürst – mit dieser Leidenschaft haben sich zahllose Menschen saniert und ruiniert. Casanova hatte in seiner Spielsucht erhebliche Reichtümer angesammelt, Mozart mit der gleichen Obsession verloren. Friedrichs Mutter, Sophie Dorothea, war dem Kartenspiel ebenso verfallen wie Friedrichs Bruder Prinz Heinrich. Als gefährliches und zugleich reizvolles Spiel stand das Pha-

Preußens großer Hasardeur

Friedrich II. hat den Ruf eines Philosophenkönigs. Tatsächlich war er eine unberechenbare Spielernatur. Mit Glück und rücksichtsloser Politik baute er Preußen zur mitteleuropäischen Großmacht aus

VON BRUNO PREISENDÖRFER

Ausriß aus DIE ZEIT vom 20. Januar 2005.

rao hoch im Kurs, es wurde mit französischen Karten gespielt, den Gewinner bestimmte der Zufall (hasard). Friedrich war kein Hasardspieler, gleichwohl hält man ihn im übertragenen Sinn für einen Hasardeur. Im Dictionaire francois von 1762 bedeutet hasard: »sich in Gefahr begeben«. Im Fremdwörterbuch von 1998 ist der Hasardeur moralisch besetzt als »jemand, der verantwortungslos handelt, alles aufs Spiel setzt«. Für den Historiker Preisendörfer ist Friedrich »Preußens großer Hasardeur«.

Steht Preisendörfer mit seinem Urteil allein? »Auf Ruhm und seine Reputation bedacht, tat er alles, um selbst in den Augen seiner Bundesgenossen zum unzuverlässigsten Partner in Europa zu werden.«[16] Oder:»Charakteristisch bleibt seine auch später wiederholt geübte Bedenkenlosigkeit, wie ein Roulettespieler, der sein ganzes Vermögen auf Rot oder Schwarz setzt.«[17] Oder: »Aber die rücksichtslose Art, mit der er seine Feinde ebenso wie seine Verbündeten austrickste, sie in ein Dauerbad von Heiß und Kalt gestürzt, sie mit dem Vor und Zurück, mit dem Links und Rechts ständig verwirrt, sie gänzlich entnervt, ja ihnen eine lange Nase gedreht hatte, das war in den Annalen der europäischen Politik unerhört, hatte ihm nun das Image eines unberechenbaren, völlig unzuverlässigen Fürsten eingetragen, dem niemand mehr über den Weg traute.«[18] Oder, wie Preisendörfer im Januar 2005 schrieb: »eine unberechenbare Spielernatur. Mit Glück und rücksichtsloser Politik baute er Preußen zur mitteleuropäischen Großmacht aus.« Hat es einen Sinn, gegen eine derart verfestigte Meinung anzuschreiben?

Um eine Ehrenrettung Friedrichs geht es mir nicht, sondern um den Zeitgeist des 18. Jahrhunderts und um fürstliches Selbstverständnis. Was Friedrich auch tat, es geschah nie losgelöst von dem, was andere Herrscher taten. Und Friedrich machte sich zur Maxime, was ein anderer Herrscher, der damals geachtete Ludwig XIV., sechzig Jahre zuvor niedergeschrieben hatte: »Wenn man ganz offen die Wahrheit sagen soll, so werden Verträge von den Staaten von vornherein mit Hintergedanken geschlossen. Alle die schönen Bestimmungen über Bündnisse, Freundschaftsbeteuerungen, das Versprechen, einander alle möglichen Vorteile zukommen zu lassen, bedeuten nach der Erfahrung der Jahrhunderte nichts … Und geheime Verträge werden geschlossen um sie zu brechen, wenn es der eigene Vorteil verlangt.« Real sah Ludwigs Diplomatie dann so aus: Durch Geheimverträge mit Österreich und Schweden verbündet und anschließend verfeindet, um nach dem Umschwung der politischen Großwetterlage wieder Verbündeter zu sein, kaufte er sich die Neutralität von Brandenburg und Spanien, dessen Thron er nicht militärisch erobern konnte, aber immerhin einen seiner Vasallen dorthin hievte. Die praktische Politik des Sonnenkönigs war da schon durchschaubarer: 1668 wurden die wirtschaftlich prosperierenden Teile Flanderns okkupiert, 1670 Lothringen besetzt. 1678 vereinnahmte er zur Abrundung der neuen Provinzen weitere Teile Flanderns und Burgund. 1681 Besetzung der deutschen Stadt Straßburg, 1684 Besetzung von Luxemburg. 1692 scheiterte die Eroberung Englands mit der Seeschlacht von La Hogue.

Als Schweden im 17. Jahrhundert noch eine Großmacht war, verfuhr es mit seinen Anrainern nicht anders: von Mittelnorwegen über Karelien, Estland und Livland bis nach Pommern und Mecklenburg wurde sich unter den Nagel gerissen, was sich reißen ließ. Von Spanien, Portugal, den Niederlanden oder England ganz zu schweigen, da waren gleich ganze Kontinente Beute. Kleinere Mächte wie Sachsen oder Bayern suchten Schutz in Bündnissen, Preußen unter Friedrich Wilhelm I. ging mit beispielloser Konsequenz einen anderen Weg. Dieser König wollte weder taktieren noch paktieren und rüstete auf, er besaß bald eine bis an die Zähne bewaffnete und schlagkräftige Armee, mit der sich weder die Franzosen noch die Schweden oder Russen anlegen wollten. Man ließ Preußen in Ruhe, aber Kronprinz Friedrich wußte um das höchst sensible Gleichgewicht in Europa. Das Wort Gleichgewicht war ein Modewort unter den europäischen Herrschern und wurde immer dann benutzt, wenn ein bestehendes Gleichgewicht zu Gunsten eines Potentaten geändert werden sollte. In der Politikerpropaganda hat sich die Sache mit dem Gleichgewicht bis in unsere Tage erhalten, wir kennen aus

In der preußischen Militärakademie unter Friedrich Wilhelm I.

der Zeit des kalten Krieges das Gleichgewicht des Schreckens, aus der Gorbatschow-Ära das Gleichgewicht durch friedliche Koexistenz. Als 1991 die Wiedervereinigung Deutschlands anstand, stimmten Frankreich und England vehement dagegen, weil sonst das »europäische Gleichgewicht gestört würde«. Und Bush II wollte mit dem Irakkrieg II das »Gleichgewicht im Nahen Osten wiederherstellen«.

Kommen wir wieder zum Hasardeur Friedrich, schauen wir auf sein Werk in den ersten zwei Regierungsjahren, das oberflächlichem Anschein nach einem Hasardeur alle Ehre macht. 1. Juni 1740: Friedrich wurde König. 20. Oktober 1740: In Wien starb der Deutsche Kaiser Karl VI., seine Tochter Maria Theresia trat die Nachfolge an, Friedrich akzeptierte aber die bestehende Nachfolgeregelung und damit auch die Grenzen nicht und marschierte in die österreichische Provinz Schlesien ein. 21. Dezember 1740: Schlesien war besetzt, das Geschrei darüber in Europa geriet groß, aber nicht, weil man in Friedrich einen besonders aggressiven Fürsten sah, sondern weil er als erster das tat, was auch die anderen vorhatten, nämlich das Habsburgerreich im Namen des Gleichgewichtes aufzuteilen. 16. Februar 1741: Bündnis zwischen England, Russland, Sachsen und Österreich gegen Preußen. 10. April 1741: Die Preußen siegten in der Schlacht von Mollwitz über Österreich; Frankreich verhandelte ein Bündnis mit Preußen, Sachsen und Bayern gegen Österreich zur Neuaufteilung der Habsburgermonarchie. Für Sachsen war Mähren und Oberösterreich reserviert, Preußen erhielt noch Niederschlesien und an Bayern sollte Böhmen und Niederösterreich gehen. Frankreich entschied, wer deutscher Kaiser würde, hätte also direkten Zugriff auf das Heilige Römische Reich Deutscher Nation, ein lang gehegter Wunsch der französischen Könige. Der Vertrag kam im Juni 1741 zustande. Im August 1741 erfuhr Friedrich durch geheime Depeschen die ganzen Absichten Frankreichs. Man gedachte Österreich in »... drei oder vier mittlere Mächte aufzuteilen«. Woran der Preußenkönig kein Interesse hatte, er fühlte sich von Frankreich hintergangen und nahm Kontakt zu Österreich auf. 2. Oktober 1741: Kommissäre unterzeichneten einen Geheimvertrag zwischen Preußen und Österreich, Preußen enthielt sich weiterer Angriffe gegen die Habsburger, dort verzichtete man endgültig auf Schlesien. Der Krimi ging selbstredend so weiter, wie es in Drehbüchern dieser Art üblich ist; die Tinte unter dem Geheimvertrag war noch nicht getrocknet, da kannte ihn schon der französische Hof und bot Wien seine Unterstützung bei der Wiedereroberung von Schlesien an. Was England nicht zu akzeptieren gedachte. Im Gegensatz zu Russland. Undsoweiter.

Wie bewerteten Historiker in den letzten zwanzig Jahren diese »Hasardeuriaden« von König Friedrich? »Ein unglaublicher Vorgang! Friedrich beging hier einen Verrat an seinen Verbündeten, wie er verabscheuungswürdiger gar nicht gedacht werden kann… Vom moralischen Standpunkt aus ist unbestreitbar, dass Friedrich mit voller Absicht seine Alliierten, die Bayern, Sachsen und Franzosen, hinterging. Ein Schurkenstreich? Ganz gewiß. So also praktizierte der Verfasser des »Antimachiavelli« Tugend und Moral in der Politik.«[19] Keine Einzelmeinung: »Die Skrupellosigkeit jedoch, mit der Friedrich ein weiteres Mal zu Werke ging, trug die Züge eines nackten Machtkalküls.«[20]

Aber meine Herren, welches Kalkül außer dem des Machterhaltes und der Machterweiterung hat denn ein Politiker? Zumal in einer Erbmonarchie? Warum sollte Friedrich auch nur einen Jota »vernünftiger« handeln als Ludwig XV. oder andere beutehungrige Potentaten? Mit einer moralischen Sichtweise ist Politik nicht beizukommen, weder damals noch heute. Friedrich war Pragmatiker wie dieser Tage Putin in Russland oder Tony Blair in England. Friedrich berief sich beim Einmarsch in Schlesien auf vordergründige Ansprüche, die mühsam begründet wurden und zu keiner Zeit glaubhaft waren. Er sah in der hochsensiblen Umbruchsituation, die mit dem Tod des Kaisers eingetreten war, eine reale Chance, seinen Besitz zu vergrößern und schlug als erster zu. Er handelte überlegt, hatte sich seit Jahren auf diesen Schritt theoretisch und praktisch vorbereitet. Als Kronprinz entwarf er schon in Rheinsberg Aufmarschpläne gen Schlesien und verfasste 1738 die Denkschrift »Consideration sur l´etat…«, worin er sich mit den englischen Vorstellungen zum Gleichgewicht, der »balance of power« auseinandersetzte. Sie bedeutet, England bekämpft mit anderen diejenige europäische Großmacht, die noch mächtiger werden wollte, als sie war. »Friedrich wusste natürlich, daß die britische Gleichgewichtspolitik nichts anderes als ein Ausfluss von Nationalegoismus war. Europa sollte uneinig, vielgestaltig und zersplittert gehalten werden, um England das Schiedsrichteramt über den Kontinent und freie Hand auf den Weltmeeren zu geben. Das wollte Friedrich nicht. Und so entwickelte er mit der Zeit eine eigene Gleichgewichtsstrategie, die auf einer doppelten Balance beruhte; Gleichgewicht in Europa zwischen den Großmächten und Gleichgewicht im Reich zwischen Wien und Berlin.«[21] Ein Hasardeur würde solche Mühen nicht verschwenden, man müsste bei ihm zu jeder Zeit mit allem rechnen. Friedrich sagte dagegen sehr früh, was er wollte, er schrieb es sogar auf, es wurde eine der meist debattierten Schriften im 18. Jahrhundert, nämlich der »Antimachiavelli«. Ich halte es für sein Regierungsprogramm, dem der gewitzte Fürst ein »Anti« vorgesetzt hatte, und alle sind auf dieses »Anti« hereingefallen. Wie ich zu der Behauptung komme? Fragen wir uns, was es mit Machiavelli auf sich hat, den Friedrich mit seiner Schrift bedachte.

Italien zur Zeit Machiavellis (1469 bis 1527) war keine geschlossene und von einem König regierte

Niccolo Machiavelli, Porträt um 1520.

Nation wie Frankreich oder Spanien, sondern eine Ansammlung zahlloser Stadtstaaten. Das Trachten der hohen Herren in Rom, Mailand, Venedig, Florenz usf. hatte nur ein Ziel: den eigenen Machtbereich zu vergrößern. Städte samt ihrer Einwohner und ihrer Reichtümer galten als Handelsware, die gängige Währung: Bestechung, Verrat, Krieg. Wer sich von »feindlicher Übernahme« bedroht fühle, rief nach Schutzmächten. Nur allzugern nahmen beispielsweise der französische oder spanische König so ein Schutzbegehren an, schneller konnte man gar nicht den Fuß in die Tür bekommen, also Beute machen. Machiavellis Heimatstadt Florenz wurde nach der Medici-Ära als Republik regiert. Als sich die Medicis 1512 wieder an die Macht putschten, verlor Machiavelli sein republikanisches Amt als mit allen Wassern gewaschener Diplomat. Er wurde kaltgestellt und konnte nur noch beobachten, wie die Stadt von einer Schutzmacht geplündert, durch Attentate geschwächt und durch konkurrierende Clans verkam. Das einzige Ordnungsprinzip hieß Willkür und Chaos. Machiavelli behielt seinen Witz, die Respektlosigkeit und die scharfe Zunge – Eigenschaften, die König Friedrich gefielen, stets suchte er nach Menschen dieser Couleur.

1514 veröffentlichte Machiavelli sein »Il Principe« – »Vom Fürsten«, eines der zeitlos wichtigen Bücher. Da plauderte nämlich einer, der das Einmaleins der Macht kannte. Die Auflage war klein, die Leser reagierten ablehnend, so genau wollte keiner wissen, wie es hinter den Kulissen zuging, aber für diejenigen, die sich der Politik verschrieben hatten, wurde »Il Principe« zur Bibel mit praktischen Handlungsanleitungen. Dieses Buch ist in exklusiven angelsächsischen Business Schools nach wie vor Unterrichtsgegenstand. Für den nicht mehr vorhandenen »Fürsten«, an den das Buch adressiert war, steht das Wort Manager.

Machiavelli erklärte fürstliche Tugenden wie Gerechtigkeit, Klugheit und Mäßigung für lächerlich, da sie zum Machtverlust führten: »Ein Mensch, der immer nur das Gute tun wollte, muß zugrunde gehen unter so vielen, die nicht gut sind. Daher muß ein Fürst, der sich behaupten will, auch imstande sein, nicht gut zu handeln und das Gute zu tun und zu lassen, wie es die Umstände erfordern.« Der »gute Fürst« soll, wie Cicero schrieb, weder wild noch grausam sein, er soll danach trachten, dass seine Untertanen ihn lieben. Für Machiavelli dagegen musste ein Fürst Löwe und Fuchs in einem sein, Grausamkeit gegen das eigene Volk gehörte zum Prinzip: »Ein Fürst darf es sich also nicht nehmen lassen grausam zu sein, wenn er seine Untertanen einig und treu halten will.« Und was Bündnistreue anging, hatte der Diplomat Machiavelli reichlich Erfahrungen, sie ließen ihm zum Schluss kommen, dass: »Fürsten großes angerichtet haben, die es mit der Treue nicht genau genommen haben.« Wie mochten diese Postulate auf Prinz Friedrich gewirkt haben, der sich seit 1738 intensiv mit dem Machiavelli beschäftigte?

Der Friedrich-Biograph Kunisch versuchte 2004 eine Antwort: »Der Kronprinz war über dieses – wie ihm schien – Zerrbild so entrüstet, daß er den Entschluß faßte, Machiavelli durch eine Tugendlehre im Geiste aufgeklärter Humanität zu widerlegen.«

Liest man im Vorwort zu Friedrichs »Antimachiavelli«, mag man Kunisch glauben: «Ich wage es, die Verteidigung der Menschlichkeit aufzunehmen wider ein Ungeheuer, das sie verderben will. Von jeher sah ich im »Fürsten« Machiavellis eins der gefährlichsten unter allen Büchern von Weltverbreitung.«

Vergleicht man jedoch, was Machiavelli schrieb und was Friedrich dem entgegnete, so wird schnell klar, dass es sich bei Friedrich um gar keinen »Anti« handelt, sondern um eine Verfeinerung von Machiavellis Maximen. Nehmen wir ein zentrales Thema, den Krieg. Im Kapitel XIV schrieb der Florentiner dazu: »Ein Fürst soll also keinen anderen Gegenstand des Nachsinnens haben und sich mit nichts anderem beschäftigen, als mit der Kriegskunst...« Friedrichs Erwiderung: »Es gibt also nur drei Wege, auf rechtmäßige Weise Herr über ein Land zu werden; durch Erbfolge, durch Wahl durch die dazu berechtigten Völker oder durch Eroberung von feindlichen Provinzen in einem rechtmäßig unternommenen Kriege.... Auch Angriffskriege gibt es, die ihre Rechtfertigung in sich tragen... es sind vorbeugende Kriege, wie sie Fürsten wohlweislich dann unternehmen, wenn die Riesenmacht der größten europäischen Staaten alle Schranken zu durchbrechen und die Welt zu verschlingen droht.«

Hätte Machiavelli am Schüler Friedrich nicht seine wahre Freude gehabt? In seinen 46 Regierungsjahren befolgte Friedrich ganz genau diese seine drei Prinzipien. Für jeden, der seine Politik auch nur bruchstückhaft kannte, musste damit klar sein, wie er regieren würde. Weder als Hasardeur, noch als »Antimachiavelli«. Machiavellis Ansicht zur Bündnistreue kennen wir, jetzt Friedrichs Auslegung: »Zutreffend ist seine Warnung an die Fürsten, sich mit anderen Herrschern, die mächtiger sind, als sie, leichtfertig zu verbünden, die, anstatt ihnen beizustehen, sie erst in den Abgrund stürzen könnten. Erst der Gang der Ereignisse entscheidet darüber, wer von den Bundesgenossen die Vorteile ihres Verhältnisses genießt.« Der letzte Satz könnte heute in jedem Außenministerium der Welt gesprochen werden. Friedrichs Fazit aus der Beschäftigung mit Machiavelli: Wer als Fürst einigermaßen bestehen wollte, war mit »Il Principe« des Machiavelli gut beraten. Friedrich übertrug diese Handlungsanleitung auf das 18. Jahrhundert und auf die preußischen Verhältnisse, heraus kam sein Regierungsprogramm. Bleibt noch zu klären, warum er seine Schrift »Anti-Machiavelli« nannte. Friedrich tat es Voltaire zuliebe. Der Prinz betete den großen Franzosen nahezu an, seine Briefe an den Dichter

EXAMEN
DU PRINCE
DE
MACHIAVEL,
AVEC DES NOTES
Historiques & Politiques.

A LA HAYE,
Chez JEAN VAN DUREN,
M. D. CC. XLI.
Avec Privilège.

Titelseite des Antimachiavelli.

sind vom Verlangen nach Anerkennung durchdrungen. Wie konnte sich der Prinz besser bei Voltaire empfehlen als mit seinem »Antimachiavelli«? Schwer tun sich unsere Historiker mit Friedrichs Schrift und seinem anschließenden Eroberungskrieg gegen Österreich. Kunisch: »Friedrich war in der Entrücktheit der Rheinsberger Jahre noch nicht im Stande, sich über sein zukünftiges Handeln unter moralischen Vorzeichen Rechenschaft abzulegen.« Ich will Kunisch nicht widerlegen, er macht es wenige Seiten später selbst, wenn wir lesen, dass Friedrich »schon in der Kronprinzenzeit von einem Herrscherbild geprägt war, das dem Feldherrenruhm einen zentralen Platz zuwies«. Ganz anders bewertete der Historiker Schilling Friedrichs Antimachiavelli, der gerade gerdruckt wurde, als Friedrich gen Schlesien marschierte: »Es ging um die Durchsetzung der Staatsräson einer ganz und gar säkular verstandenen Interessenlehre, die Nicolo Machiavelli bereits in seinem Traktat »Il Principe« formuliert hatte. Die Interessen egoistischer Einzelstaaten galten seit dem späten 17. bis in das 19. Jahrhundert hinein.«

Friedrichs Antimachiavelli und sein Eroberungskrieg stehen nicht im Gegensatz zueinander, es sind zwei Seiten einer Medaille. Und ein Hasardeur, um auf den Ausgang unseres Kapitels zurückzukommen, wäre angesichts derart komplizierter politischer Verhältnisse in Europa zur Zeit Friedrichs in kürzester Zeit gescheitert. Ein Hasardeur reflektiert auch nicht derart gründlich seine Fehler, um daraus auch noch allgemeingültige Aussagen abzuleiten. »Nach seiner Niederlage bei Kunersdorf 1759 schrieb Friedrich der Große einen knappen Essay über Karl XII. von Schweden, der genau ein halbes Jahrhundert zuvor bei Poltawa von den Russen Peters des Großen vernichtend geschlagen worden war. Friedrich leitete daraus eine dauerhafte Voraussetzung ab; daß jeder, der sich vom westlichen Europa nach Osten vorwage, ohne die räumlichen und klimatischen Bedingungen zu berücksichtigen, von seinem Nachschub abgeschnitten werde und jede Chance auf einen Sieg verspielt. Seine Warnung vor der Überdehnung des Machtbereichs einer europäischen Handlungseinheit bleibt weiterhin in Kraft. Wenn Napoleon oder Hitler diesen Text ... begriffen hätten, ... dann hätten sie ihren Rußlandfeldzug nie begonnen.«[22]

Prinz Heinrich, Stich um 1760.

6. *Friedrich habe mit seinem Bruder Heinrich über Kreuz gelegen oder: Die rasende Eifersucht eines Frondeurs*

Bruderzwist ist ein altes Thema. Bei Kain und Abel endete er tödlich, bei Moses und Aaron staatstragend. Im Streit um Pfründe wurden zu keiner Zeit feine Bandagen angelegt, auch nicht im Zeitalter erlesenen Geschmacks und feiner Manieren. Schon gar nicht, wenn im fürstlichen Hause die eigene Sippe aufbegehrte. Für Ludwig XIV., mit sechs Jahren zum König von Frankreich gesalbt, war es ein nie verwundenes Trauma, dass sein Cousin an der Spitze der Frondeure putschte, Ludwig, seine Mutter und Ludwigs jüngeren Bruder Philipp quasi gefangen setzte. Friedrich von Preußen sagt man ein höchst angespanntes Verhältnis zu seinem jüngeren Bruder, dem Prinzen Heinrich, nach. Was dazu bis heute aus berufenem Munde verbreitet wird und als Gerücht kursiert, verdient unter die Lupe genommen zu werden.

Zur Einstimmung seien einige der gängigen Urteile zitiert: »Das Verhältnis der beiden Brüder zueinander wurde bestimmt durch eine latente Feindseligkeit von Heinrichs Seite ... Heinrichs Briefwechsel mit Ferdinand läßt die ersten Anfänge der geheimen Fronde erkennen, die die beiden jüngeren Brüder gegen den König zu bilden bestrebt waren«[23]. »Heinrich, in seiner rasenden Eifersucht auf den Bruder, trägt Friedrich denselben Hass entgegen, mit dem dieser einst seinem Vater begegnete.«[24] Man erhob Heinrich noch 1986 zum »Haupt der Frondeure gegen Friedrich«[25].

Frondeure sind Verschwörer, Frontmacher, eine Kategorie Mensch also, die jedem Herrscher ein Dorn im Auge sind und die man schnellstmöglichst zu beseitigen bemüht ist. Graf Krockow resümiert in seinem Buch »Die preußischen Brüder«: »Beide Brüder sind nicht frei von Eitelkeiten, und für Heinrich gilt das wiederum noch ausgeprägter als für Friedrich. Vor allem wurden beide von dem Ehrgeiz getrieben, etwas Großes zu leisten.« 1752 verfasste der König sein erstes »Politisches Testament«, eine Art Ratgeber für den Thronfolger. Dort findet sich eine Passage, die in keiner Friedrich-Biographie fehlt, weil sie angeblich das Verhältnis zu Friedrichs

Brüdern und zu Heinrich im Speziellen kennzeichnet. Über die Prinzen von Geblüt schrieb der König: »Ihre hohe Abstammung flößt ihnen einen gewissen Hochmut ein, den sie Adel nennen. Er macht ihnen den Gehorsam unerträglich und jede Unterwürfigkeit verhaßt. Sind irgendwelche Intrigen, Kabale oder Ränke zu befürchten, von ihnen könnten sie ausgehen.« Was also führte Prinz Heinrich im Schilde? Plante er den Umsturz, wollte er König werden? Wir freuen uns auf eine interessante Spurensuche.

Heinrich wurde als dreizehntes Kind 1726 im Berliner Schloss geboren. Seinen ersten Schock erlebte er wohl, als Vater Friedrich Wilhelm wegen des Fluchtversuches von Friedrich die Familie ter-

Prinz Heinrich als Zehnjähriger.

rorisierte. »Unser Jammer war unbeschreiblich. Die Königin schrie hell auf. Ihre Selbstbeherrschung war dahin. Sie rang die Hände und lief wie eine Wahnsinnige im Zimmer herum. Der Zorn hatte die Züge des Königs so entstellt, daß er schrecklich anzusehen war. Meine Geschwister, von denen der jüngste erst vier Jahre zählte (eben Heinrich) umklammerten seine Knie und suchten ihn durch Tränen zu erweichen«, schrieb später Prinzessin Wilhelmine. Heinrich beobachtete genau und wollte die »Fehler« seines großen Bruders vermeiden, also nicht Flöte spielen, sich nicht nach französischer Mode kleiden, nicht philosophieren, um den Vater nicht zu provozieren. Heinrich wurde mit seinem vier Jahre jüngeren Bruder Ferdinand erzogen. Der König stellte dafür die Regeln auf und überwachte Schüler wie Lehrer. Einer von ihnen war Friedrich von Kreutz, Oberhofmeister von Heinrich und Ferdinand. Die Prinzen mochten ihn, wohl auch, weil er aus seinen Neigungen keinen Hehl machte. Er war schwul. In Briefen, die sich die Prinzen untereinander schrieben, heißt es in unverstellter Offenheit: »Da Kreutz in Nauen nichts weiter tut, als sich an den Eiern zu kratzen, kann er auch schon vor dir nach Spandau kommen. Ich halte für ihn einen schönen Hintern und fleischige Schenkel bereit.« Ob die Sexualpraktiken des Erziehers Einfluss auf die Schüler hatten, ist unerforscht. Tragödien in der weiteren Entwicklung des jungen Prinzen Heinrich sind nicht bekannt. Sein Vater ernannte den Zwölfjährigen zum Fähnrich im Garderegiment, ein Jahr später zum Leutnant. 1740 starb der Soldatenkönig. Der vierzehnjährige Heinrich bekam Oberst von Stille zum Erzieher, ein geistreicher Mann, auch

Vertrauter von Friedrich. Aber Heinrich mochte Stille nicht besonders, der Prinz kam zudem in seine Flegeljahre und Friedrich musste ihn zum Lernen ermahnen. Mit dem ersten Schlesischen Krieg wurde der Prinz Adjutant des Königs, erlebte also das Kriegsgeschehen hautnah mit. Heinrich bewunderte den siegreichen Bruder, fürchtete aber auch dessen Zorn, wenn Befehle nicht zu seiner Zufriedenheit ausgeführt wurden. Das Hofleben mit Opern, Maskenbällen und Konzerten imponierte Heinrich, er schauspielerte gern, tanzte und musizierte in kleinem Kreise auf der Geige. Auf sein Äußeres legte er großen Wert, Friedrich nannte ihn »Narziss«. Heinrichs Morgentoilette war gründlich, zur Reinlichkeit kamen neueste Kleidung und Wohlgerüche. Den Prinzen umschwärmten die Pagen des Königs, zwölf-, dreizehnjährige Kadetten, schlank, hübsch und wild. 1745 ließ sich der Prinz

Aufnahmezeremoniell einer Freimaurerloge. Stich von 1750.

in die Freimaurerloge »Zu den drei Weltkugeln« aufnehmen.

Seine »erste Pilgerreise nach der Insel der Venus« soll Heinrich im Frühjahr 1745 unternommen haben. Wer das beglückte Fräulein war, ist unbekannt. Im zweiten Schlesischen Krieg musste Heinrich wieder auf die Schlachtfelder, erkrankte dann an Pocken und kam ins Lazarett. Dem eitlen Prinzen blieb ein vernarbtes Gesicht, worunter er fürchterlich litt. Friedrich beförderte ihn zum Generalmajor, hielt ihn aber streng am Band. Den Grund lieferte der König auch: »Die militärische Disziplin ist das Rückgrat unseres Staates, wenn man sie jemals vernachlässigt, ist es um diesen geschehen.« Im Juli 1749 kam es zwischen Friedrich und Heinrich zu einem ernsten Krach. Der König hatte Heinrichs Regiment inspiziert und war über dessen Zustand aufgebracht. Dem Prinzen schrieb er einen geharnischten Brief und teilte ihm mit, er habe einen Oberst eingesetzt, »um endlich Ordnung in Ihr verlottertes Regiment zu bringen.« Worüber sich Heinrich, in seiner Ehre getroffen, beim König beschwerte. Der blieb hart, der Laden musste funktionieren, Prinzen hatten Vorbild zu sein. Heinrich klagte dem älteren Bruder August Wilhelm sein Leid, und der vermittelte beim König. In seinem Brief an Friedrich vom 18. Juli 1749 lesen wir: »Du schreibst ihm einen Charakter zu, den ich bei ihm nie wahrgenommen habe.« Heinrich pflegte sein Beleidigtsein, Friedrich lenkte ein und lud ihn wieder an den Hof. Jede Nuance des Auf und Ab in der Beziehung wollen wir hier nicht erörtern, springen in der Zeit und stellen fest, dass der Ton zwischen den beiden Brüdern im Siebenjährigen Krieg bedrohliche Schärfe annahm. Preußen war von Feinden umkreist, die Nerven lagen blank, jeder Fehler konnte schwerwiegende Folgen haben. In Friedrichs Augen war der unglücklich verlaufene Rückzug von Prinz August Wilhelm im Mai 1757, bei dem er preußische Versorgungsdepots an die Österreicher verlor, so ein Fehler. Prinz hin, Prinz her, Friedrich strafte hart und gnadenlos. August Wilhelm wurde quasi aus der Armee gejagt, wogegen Heinrich protestierte. Ein Jahr später starb August Wilhelm in seinem Schloss Oranienburg, was Heinrich tief verstörte. Er gab dem König die Schuld am Tod des Bruders. Alle nötigen Versatzstücke für ein Drama waren vorhanden, die Anekdotenschreiber hatten endlich saftigen Stoff, wovon sich die Historiker je nach Großwetterlage bedienten. »Eine Scheidewand zog zwischen dem Monarchen und Heinrich auf «, die Brüder waren sich »fortan spinnefeind«.[26] Es wird nicht lange dauern und wir sehen den Prinzen und den König in einer Doku-Soap. Aber warum ernannte Friedrich den Prinzen dann zum Oberkommandierenden einer eigenen Armee? Heinrich konnte nun weitgehend selbstständig und erfolgreich im sächsischen Raum operieren. Der Prinz war in seinem Element, taktische Manöver, um den Feind zu binden, ohne eine Schlacht zu schlagen, waren ihm lieber als die Strategie seines Bruders, nämlich den Feind zu suchen und anzugreifen. Kam Friedrich jedoch dem Prinzen in die Quere, platzte diesem der Kragen. Unter eine Depesche Friedrichs an Heinrich zur weiteren Vorgehensweise schrieb der Prinz: »Ich habe keinerlei Vertrauen in diese Berichte, sie sind stets ebenso widerspruchsvoll und ungewiß wie sein Charakter.

Er hat uns in diesen grausamen Krieg gehetzt, und nur die Tapferkeit der Generale und Soldaten kann uns herausziehen. Von dem Tag an, da er zu meinem Heere gestoßen ist, hat er Unordnung und Unglück verbreitet; all meine Mühen in diesem Feldzug und das Glück, das mich begünstigt hat, alles ist verloren durch Friedrich« (14. Dezember 1759).

Friedrichs Ratschläge erreichten den Prinzen oft mehrmals täglich: »Zeigen Sie mehr Unternehmungsgeist, mehr Einsatz…« »Passen Sie auf, daß

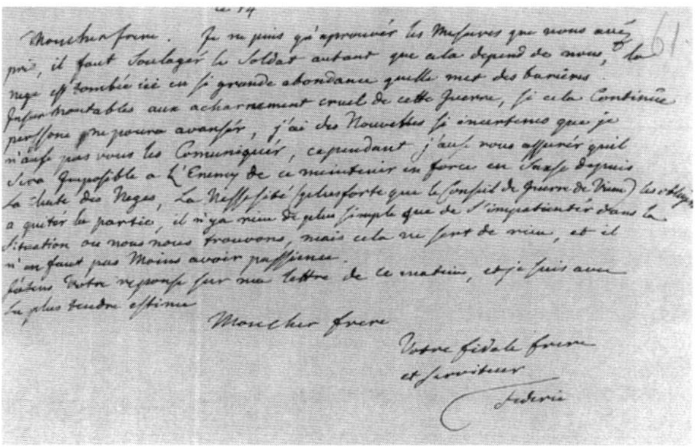
ce 14
Mon cher frere. Je ne puis qu'aprouver les Mesures que vous avez
pris, il faut Soulager le Soldat autant que cela depend de vous, la
nege est tombée ici en si grande abondance qu'elle met des barières
insurmontables aux acharnement cruel de cette guerre, si cela Continue
personne ne poura avanser, j'ai des Nouvelles si incertaines que je
n'ause pas vous les Communiquer, cependant j'ause vous assurer qu'il
sera impossible a l'Enemy de se maintenir en force en Saxe depuis
la chute des Neges, La Nessessité (plus forte que le Conseil de Guerre de Viene) les obligera
a quiter la partie, il n'y a rien de plus simple que de s'impatienter dans la
situation ou nous nous trouvons, mais cela ne sert de rien, et il
n'en faut pas Moins avoir passience.
J'attens votre reponse sur ma lettre de ce matin, et je suis avec
la plus tendre estime
Mon cher frere
Votre fidele frere
et serviteur
Federic

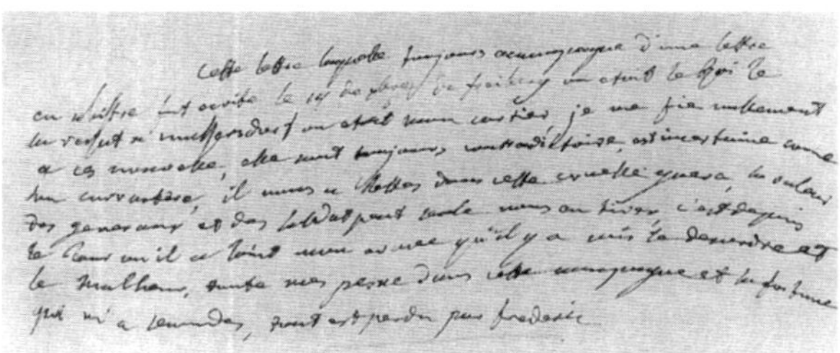
Cette lettre [illegible] toujours accompagnée d'une lettre
en chiffre fut écrite le 14 [illegible]
[illegible]
[illegible]
[illegible]
[illegible]
[illegible]
[illegible]
qui m'a [illegible], tout est perdu par Frederic

Heinrichs Anmerkung zur Depesche vom König.

Sie nicht eingekreist werden.« Heinrich hielt nicht hinter dem Berg, riet dem König, sich besser um die Verpflegung seiner eigenen Truppe zu kümmern. Damit der Eindruck des Frondeurs noch glaubhafter wird, zitieren wir, was die Vertreter dieser These zitieren, Heinrichs Brief an seinen jüngeren Bruder Ferdinand vom 21. September 1759: »Alles wäre erträglich, wenn man endlich den Entschluß faßte, nachzugeben (Schlesien zu räumen). Aber wir haben es mit einem bösartigen Irren zu tun, der alles seinem Ruhm opfert.« Die Verstimmungen zwischen Heinrich und Friedrich ließen sich 1759, im wohl schlimmsten Kriegsjahr, nicht kitten. Heinrich täuschte Krankheit vor und tauchte vom Schlachtfeld ab, wurde aber ein Jahr später vom Ehrgeiz gepackt, bat um ein Kommando und erhielt es vom König. Und das Zanken ging weiter … Heinrich an Ferdinand: »Es ist wahr, daß ich mit dem König eine sehr erbitterte Korrespondenz führe.« Diese Art von offenem Umgang (Majestätsbeleidigung) war den folgenden Hohenzollern suspekt und der Briefwechsel zwischen Heinrich und Ferdinand verschwand im geheimen Archiv. Nur einzelne und zensierte Briefe wurden den Hofchronisten im 19. Jahrhundert überlassen, und das auch nur, um Friedrich zum »anstaunenswertesten unter allen der Geschichte angehörigen Männern« hochzujubeln. Auf Heinrichs Kosten. Wir ahnen, was jetzt folgt; die Stunde der Fronde-Macher war gekommen. Jürgen Lüth dazu in seinem Aufsatz »Frondeur, Feldherr, Diplomat« (2002): »Mit der Kritik des Prinzen an seinem königlichen Bruder konnte und wollte man nicht umgehen. Die harten Urteile, die Heinrich über Friedrich als Mensch, Feldherr und Politiker fällte, paßten nicht in den Kult um den charismatischen König.« Was schrieben sie denn, die Erfinder des Frondeurs Heinrich? Einer von ihnen verdammte Heinrichs Äußerungen, denn es habe »leidenschaftlicher Haß, Neid und Eifersucht den Pinsel geführt«.[27] Ein anderer zählte auf, mit welchen Verbalinjurien Heinrich seinen Bruder Friedrich in den Briefen bedachte – Teufel, drückende Geißel, Schurke, Bluthund, größter Schmutzfink, Geizhals, gemeinste Bestie, die Europa hervorgebracht hat – und zog daraus diesen Schluss: »Nur ein von solchem Hasse vergiftetes Gemüt konnte sich verschließen gegen die offen zutage liegende Größe des Königs... Nur ein sich aufs tiefste verletzt fühlender Bruder konnte nicht nur dieses Genie, sondern auch die trotz aller Bedrängnis hervortretende Güte des Königs verkennen.«[28] Man stellte Heinrich an »die Spitze einer sich gegen den König bildenden Fronde«.

Über die Gefährlichkeit dieses Frondeurs gibt uns einer seiner Briefe an den König Auskunft und lenkt zugleich auf ein ganz anderes Terrain der brüderlichen Beziehung, dort ist auch die Klärung der Irrtümer über das Verhältnis der Brüder zu finden.

»Ich gebe die Hoffnung nicht auf, durch Ihre Güte, ja ich wage es noch persönlicher zu sagen: durch Ihre brüderliche Freundschaft, das zu bekommen, was mir Ihre Gnade als Herr und Meister versagt. Wenn ich auch mit Respekt die Gnadenbeweise meines Herrn empfange, so prägt sich doch das Gute, das Sie mir aus dieser Freundschaft zukommen lassen, viel tiefer in mein Herz. Ich erwarte daher die Erfüllung meiner Bitte allein von Ihrer Zärtlichkeit und Ihrer Güte gegen mich.« (März 1758)

Kalckreuth um 1770.

Was erwartete Prinz Heinrich von Friedrich in einer Zeit, wo angeblich gar nichts mehr zwischen den Brüdern lief? Welchen Wunsch möge der »Herr und Meister« dem Prinzen nicht ausschlagen? Eine Rangerhöhung? Ein Schloss? Die Begleichung von Schulden? Nichts von dem, das erbetene Geschenk war 21 Jahre alt, gut gewachsen, schön anzusehen und bekanntermaßen offen für alle sexuellen Eskapaden, also ganz nach dem Sinn des Prinzen Heinrich. Sein Name: Friedrich Adolf von Kalckreuth, Leutnant im Garderegiment des Königs, der ihn auch gern anschaute.

Weshalb Friedrich den Burschen nicht herausrücken wollte. Weshalb Prinz Heinrich seinen »Herrn und Meister« immer wieder darum bat. Im August 1758 war es endlich so weit, Kalckreuth wurde Adjutant bei Heinrich und verdrängte den bisherigen Adjutant-Günstling Henckel von Donnersmark von Tisch und Bett. Naja, ein bisschen schwul, werden

Sie sagen und abwinken. »Das Zusammenleben der beiden Brüder gestaltete sich schwierig, da beide Vorlieben für hübsche junge Pagen hatten und sich dabei öfter ins Gehege kamen.«[29] Lässt sich damit die »rasende Eifersucht« Heinrichs gegen Friedrich erklären? Wir berichteten oben vom ersten Krach zwischen dem Prinzen und dem König im Jahre 1749, Friedrich hatte Heinrichs Regiment gemustert und war über den »Sauhaufen« entsetzt, der Prinz über die Kritik tief beleidigt. Aus den geheimen Tagebüchern des Grafen Lehndorff, der Heinrich anbetete, wissen wir, dass der Prinz zu jener Zeit tatsächlich ein Lotterleben führte. Statt Kadetten drillen zu lassen, ließ er sich von dem einen und anderen mehr oder weniger bekleidet im geschützten Kabinett verwöhnen. Der Krach von 1749 zwischen König und Prinz hatte diese Ursache, und er war auch nicht die erste Verstimmung die auf Heinrichs sexuelle Eskapaden zurückging. Aus dem Jahre 1746 ist eine nicht minder harte Auseinandersetzung der beiden bekannt, und wieder ging es nicht um Manöverkritik oder falsche Verwaltungsbescheide, sondern um einen Knaben. Heinrich hatte ein Auge auf Johann Friedrich von der Marwitz (1723 bis 1759) geworfen, der »seine Laufbahn als Page beim König begann und dessen, wie auch Heinrichs Liebling wurde. Diese Zuneigung ging so weit, dass die beiden königlichen Brüder sich um seinetwillen schrecklich erzürnten. Der junge Page wurde fortgeschickt, aber infolge dringender Gesuche von Seiten des Prinzen Heinrich wieder eingestellt.«[30] Heinrich kam dem König noch bis weit in die sechziger Jahre mit Ansinnen dieser Art, der König versorgte mehr oder weniger begeistert den seine Neigungen offen auslebenden Prinzen. Schlug Friedrich ihm doch einen dieser Wünsche aus, brannte Heinrichs hitziges Blut wieder auf, die »rasende Eifersucht« war wieder da. Friedrich antwortete auf Heinrichs Laune entweder so: »Wir haben uns keinen Vorwurf zu machen. Wir empfinden gegeneinander die gleiche Kälte. Wenn Sie wollen, bin ich damit zufrieden. Nur wenn Sie meine Vermittlung bei Ihren Liebesgeschichten brauchen, können Sie etwas freundlicher zu mir sein.« Oder der König schrieb an Heinrich Spottverse: »Du, den mit süßer Lust ein jeder Jüngling sieht, der du sein Muster bist für Taten späterer Zeit« (6. Oktober 1757).

Natürlich blieben ausländischen Beobachtern Heinrichs Allüren nicht verborgen. Graf Mirabeau notierte 1786 dazu: »Ich habe es erlebt, daß ein ehemaliger Bedienter des Prinzen Heinrich, und nachher durch seine Kunst, der Knabenliebe seinem Herren zu dienen, erst eine Art Günstling, nachher aber Kanonikus in Magdeburg ward, wo der Prinz Probst ist.«[31] Woraus folgt: »Seine Neigungen für junge Männer, die auch gelegentlich seine Personalpolitik bestimmten, lebte er ungeniert aus und wurde von seinen Günstlingen ausgenutzt.«[32] Dass Preußens blinde Apologeten diese Realität ausblendeten, liegt auf der Hand, denn im Herrscherhaus hatte nach der gängigen Moralvorstellung kein Prinz schwul zu sein. Deshalb wurden die Ausfälle des Prinzen gegen den König, wenn der einen von Heinrich begehrten Knabenhintern verweigerte, zum politisch motivierten Widerstand. Deshalb hielt man die entlarvenden Stellen im Briefverkehr zwischen Heinrich und seinen Brüdern Friedrich und Ferdinand bis 1930 unter Verschluss.

Und danach geschah nichts, niemand hatte ein Interesse daran, den einmal als Widersacher des großen Königs aufgebauten Prinzen zu demontieren, die Tradition »borussischer Andachtsliteratur« durch gründliche Forschung zu brechen. Erst Eva Ziebura tat dazu in ihrer Heinrich-Biographie von 1999 den Anfang.

Ein erstes Fazit ist hier am Platz: Die Brüder glichen einander im Charakter, der eine Mischung aus Cholerik und etwas Melancholie war. Beide waren hochbegabte Strategen, entwarfen Schlösser und Parks, komponierten und musizierten, verfassten Denkschriften, kurz, beide waren »Macher«. Sie wollten eingreifen, gestalten und verändern. Beide hatten homoerotische Neigungen. Der Prinz dürstete nach Anerkennung und Liebe. In den Armen junger Männer wurde er leichtsinnig, so dass Friedrich wie im Fall Kaphengst eingreifen musste und den Günstling aus Rheinsberg, der Residenz des Prinzen, entfernen ließ. Was prompt »rasende Eifersucht« zur Folge hatte. Heinrich genierte sich nicht, den König um junge Burschen zu bitten. Er war ein Getriebener. Die Liste seiner Liebhaber ist lang. Das sexuelle Verlangen des Prinzen ist der Grund für seine Ausfälle gegen Friedrich. Vergessen wir nicht, dass Preußen nicht nur ein Militärstaat, sondern auch ein Männerstaat war. »Sparta und Athen«, wie Winckelmann 1752 aus Potsdam schrieb. Wie sah das Verhältnis zwischen Friedrich und Heinrich abzüglich dieser Ausfälle aus? Welche Rolle spielte der Prinz in Friedrichs Politik? Gehen wir in das Jahr 1759. Im August erlebte der König bei Kunersdorf seine blutigste Niederlage. Er verlor 20 000 Soldaten. Vier Tage nach der Schlacht schrieb er an

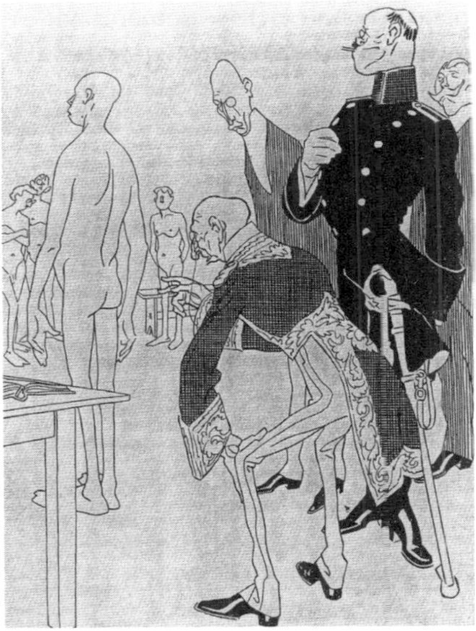

Karikatur auf die Homoerotik im preußischen Heer, 1912.

Heinrich: »Wir sind alle zerfetzt, niemand, der nicht zwei oder drei Schüsse in den Kleidern oder im Hut hat…« Friedrich ernannte für den Fall seines Todes Heinrich zum Oberkommandierenden der preußischen Armee. Welcher Herrscher, zumal angeschlagen, würde einem Frondeur diese Macht in Aussicht stellen? Nach dem überstandenen Krieg galt es die Wunden zu lecken. Das Land musste wieder aufgebaut werden, Preußen brauchte dringend ein Schutzbündnis, um einer Isolation zu entgehen. Friedrich setzte auf Russland, und Prinz Heinrich hatte mit seinen guten Verbindungen zur Zarin Katharina seinen Anteil an einem stabilen Bündnis.

Innenpolitisch waren auch Probleme zu lösen, ein solches war der Thronfolger, der spätere Friedrich Wilhelm II. Einen unfähigeren Nachfolger konnte sich Friedrich kaum denken, er schrieb 1770 seiner Schwester Ulrike: »Nichts hat er von der Erscheinung noch von dem Geiste seines Vaters; linkisch in allem, was er tut, plump, starrköpfig, launenhaft, liederlich und sittenlos, dumm und unfreundlich. Er verursacht mir hundertfältigen Kummer. Er ist der Ausschuß der Familie.« Was zur Folge hatte, dass sich Friedrich und Heinrich so nahe wie nie zuvor kamen, denn Friedrich sah unter seinem Neffen die Fortdauer des Staates in Gefahr. Der schon öfter zitierte Historiker Kunisch bemerkte dazu: »Als Ausweg aus diesem Dilemma verfiel der König schließlich auf den Gedanken, seinem Nachfolger einen Berater zur Seite zu stellen, der in den Staatsgeschäften erfahren war und die Sicherheit bot, daß nach seinem Tode das Schlimmste verhindert werden konnte. So beschloß er während eines schweren, lange nachwirkenden Gichtanfalls im Winter 1775/76 und beunruhigt durch die sich zuspitzende außenpolitische Lage, Prinz Heinrich in sein engstes Vertrauen zu ziehen.« Am 10. Februar 1776 schrieb Friedrich an Heinrich: »Ich werde im Blick auf die Interessen des Staates nicht ruhig sterben, wenn ich Sie nicht irgendwie als Vormund eingesetzt sehe. Ich betrachte Sie als den einzigen Menschen, der den Ruhm des Hauses aufrecht erhalten kann…« Prinz Heinrich und Friedrich konferierten unter vier Augen miteinander. Das Ergebnis: Heinrich sollte quasi Mitregent werden und damit Vormund des ungeeigneten Thronfolgers. Heinrich begleitete den König bei den mehrwöchigen Inspektionsreisen durch die Provinzen, der Prinz war auf diplomatischen Missionen in Holland und Belgien. Als sich der österreichische Kaiser Joseph und der König 1769 und 1770 trafen, war Heinrich dabei. Er wurde nach Stockholm geschickt und ließ sich nach Petersburg einladen.

Wem die sexualpsychologische Erklärung zum Verhalten Heinrichs gegenüber Friedrich nicht zusagt, dem liefere ich eine weitere, das Wort Frondeur selbst betreffend. Es hatte in Frankreich zu Zeiten großer Rivalitäten um den Thron seine Konjunktur. Etwa unter Ludwig XIII., als Richelieu aufmüpfigen Adel in Schach halten musste. Auch Ludwig XIV. hatte noch mit Widersachern, umstürzlerischen Subjekten, den Frondeuren zu tun. Als die Gefahr gebannt und die Monarchie über hundert Jahre stabil war, hatte das Wort seinen Schrecken verloren. Ab der Mitte des 18. Jahrhunderts bedeutete Frondeur: »Schleuderer, der wider den Staat redet, aufrührerische Schriften verfaßt« (Dictionaire, 1751). Frondeur war kein Umstürzler mehr, sondern ein Querkopf. Meine fünfjährige Tochter würde sagen: Ärgerbein. Im 19. Jahrhundert kamen Frondeure wieder in Mode, man nannte sie Revolutionäre. Die Historiker übernahmen die bedrohende Bedeutung, so wurde aus Ärgerbein ein Putschist. Ich habe die Biographin des Prinzen Heinrich, Eva Ziebura, nach dem »Frondeur Heinrich« befragt. Ihre Antwort: »In Preußen hat es meines Wissens zur Zeit Friedrichs solche Fronde nicht gegeben. Heinrich hat seinen Bruder zwar zuweilen scharf kritisiert, aber er stand trotzdem loyal zu seinem König.«

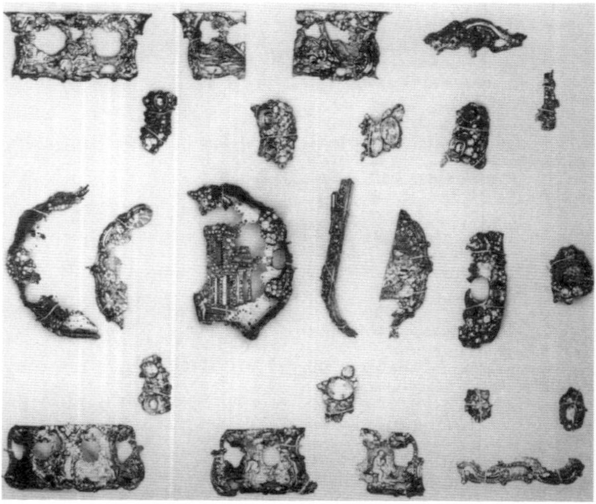

Zerstörte Tabatiere Friedrich II.

7. *Friedrich habe Unsummen für das Sammeln von Tabatieren verschwendet.*

Das Schatzsuchen ist tief verwurzelt in unserer Kultur. Bis heute geistern Raubritter und ihre zur See fahrenden Entsprechungen erfolgreich in Büchern und Filmen herum, ganz real tauchen und buddeln private Unternehmen im Auftrage von Regierungen nach vermeintlichen Kostbarkeiten, man sieht davon im Fernsehen oder liest darüber in Zeitungen. Was oft genug Neider anzieht. Einer von ihnen hieß Paul Falk und machte traurige Schlagzeilen. Er hatte gelesen, dass der Alte Fritz über hundert äußerst kostbare Tabakdosen besessen haben soll. Verwahrt in der Schatzkammer von Burg Hechingen, dem Stammsitz der Hohenzollern. Er überwand in der Nacht zum 1. August 1953 die Sicherungsanlagen der Schatzkammer und fand auch etliche der Dosen. Um an die Rubine, Smaragde und Brillanten heranzukommen, zertrat er die Pretiosen. Vom Verkauf der Edelsteine versprach er sich ein sorgenfreies Leben, wie er später vor Gericht sagte. Das blieb ihm verwehrt, den Dosen jedoch leider auch ihre Existenz. Hatte Falk sich von Darstellungen wie folgender verführen lassen? »Friedrich II. hatte nicht nur Unsummen für seine Schlösser ausgegeben, er verschwendete noch mehr für Tabakdosen, die er leidenschaftlich sammelte. Der Preis war eine völlig verarmte Bevölkerung«. Schon zu Friedrichs Lebzeiten geisterte die Legende herum, er besäße hunderte Dosen von märchenhaftem Wert. Im schon öfter zitierten »Lexikon« des Wieners Johannes Richter von 1787 kann folgendes nachgelesen werden: »Dieser König besitzt einige etliche Dutzend der teuersten Tabatieren, und keine unter fünfhundert Talern. Er prahlt damit und verschenkt sie dann, damit man ihn bewundert.« Friedrich starb am 16. August 1786 in Sanssouci. Man brachte seine Leiche in das Stadtschloss, die Gemächer des Weinbergschlosses wurden versiegelt. Am 22. und 23. August ließ Nachfolger Friedrich Wilhelm II. das Inventar von Sanssouci aufnehmen. Unter dem Titel: »III.: Tabattiers« wurde vermerkt: »9 Stück mit Brillanten besetzt 1 Stück goldene ohne Brillanten 50 Stück mit Brillanten 60 Stück mit Brillanten« Wie Bescheidenheit hört sich das nicht an. Und wenn man aus des Königs Schatullenrechnung erfährt, dass für einzelne Stücke 12 000 Taler gezahlt wurden, wofür man sich 1770 in Potsdam ein solides

Stadthaus bauen lassen konnte, fragt man sich, wie das mit Friedrichs angeblichem Geiz zusammengeht. Wie viele Dosen ließ Friedrich anfertigen? Wie viele benutzte er? Wovon wurden diese kunsthandwerklich einmaligen Stücke bezahlt?

Beginnen wir mit der letzten, auch für den König leidigen Frage: Woher das Geld nehmen? Friedrich trennte die Budgets streng in Staatsausgaben und Privatausgaben. Seine Schlösser wurden zumeist aus Einnahmen verpachteter Ländereien finanziert. Auf Staatskosten gingen seine Verpflegung und die des Hofes, der Familie und der Gäste. Aber auch das Militär, die für alle offene Berliner Oper, Waisen- und Krankenhäuser, Schulen und Verwaltung. Aus seiner eigenen Schatulle bezahlte Friedrich seine Bücher, Garderobe, Hunde, Tabak. Und die Dosen?

Nicht so schnell. Die finanziellen Angelegenheiten des Königs regelte der Geheimkämmerer Fredersdorff. Er starb 1758. Egal, ob es sich um Gagen für Sänger, Kosten für Baumaterial von Sanssouci, Matratzen für königliche Lakaien, Gemälde oder Bücher für Friedrich handelte, am »Faktotum« führte kein Weg vorbei. Prinz Friedrich hatte in seiner schweren Küstriner Zeit den »schönen Fredersdorff« kennengelernt, sie haben miteinander Flöte gespielt. Unbewiesen sind die immer wieder unterstellten sexuellen Beziehungen zwischen beiden, die es in den frühen Jahren gegeben haben soll. Fredersdorff hatte im Potsdamer Stadtschloss und im Anbau von Sanssouci ein kleines Zimmer, er regierte aber auch aus Berlin, weshalb sich Friedrich und Fredersdorff täglich Depeschen schrieben. Einige davon sind erhalten geblieben und in ihrer Privatheit einzigartig. Selbstredend kamen auch die lästigen Geldsorgen des Königs zur Sprache, wenn nämlich sein monatliches Taschengeld ausgegangen war. Im Oktober 1754 bestellte der König eine neue Weste bei Fredersdorff: »aber ich kann es noch nicht bezahlen«. Auf das Angebot, ein Gemälde von Veronese zu kaufen, schrieb Friedrich am 26. November 1754 an seinen Kämmerer: »Ich habe kein Geld, italienische Tableaux zu kaufen.« Anders verhielt es sich bei Staatsausgaben, wozu Geschenke an Familienangehörige und Vertraute, an verdiente Militärs und umworbene Diplomaten gehörten. Und was Friedrich am liebsten verschenkte, waren Tabatieren. Nicht nur zu offiziellen Anlässen, sondern auch spontan, etwa wenn ein Gast besonderen Eindruck auf ihn gemacht hatte. Friedrich musste also einen gewissen Vorrat an Dosen bei Hand haben. Was erklärt, warum man nach seinem Tod über hundert Dosen in Sanssouci fand. Etliche Schatullenrechnungen für Tabatieren sind erhalten. Man kann daraus entnehmen, was sie kosten sollten. Eine Serienproduktion gab es nicht, jede Tabatiere ist ein Unikat und oft auf die Vorlieben des zu Beschenkenden in Form und Material zugeschnitten. Entsprechend variierten die Preise für diese Kabinettstücke. Dennoch hatte Friedrich ein Limit, das er selten überschritt. Die meisten Dosen kosteten zwischen 300 und 1000 Taler.

Nun die Frage, wie viele Dosen der König in 46 Jahren hat anfertigen lassen. Zeitgenossen des Königs haben unterschiedliche Zahlen. Der Berliner Verleger und Friedrich-Verehrer Nicolai vermutete etwa 300 Stück, Thiebault, zwanzig Jahre im Dienst des Königs, 1500 Stück. Die aktuelle Forschung nennt 350.

Der Werdegang einzelner Tabatieren lässt sich aus Akten und Friedrichs Korrespondenz mit Fredersdorff rekonstruieren. Im November 1753 schrieb der König dem Kämmerer: »Ich schicke dir 5000 Taler in Gold. Davon eine Dose, so ich der verwittweten Königin geschenkt habe, 420 Taler … ebendesgleichen für den Markgrafen von Ansbach eine Tabatiere zu kaufen 500 Taler …« In Schatullenrechnungen liest sich das so: »27. 10. 1746: 1 goldene Tabatiere vor der Mademoiselle H. Georg 4. 12. 1748: 1 goldene Tabatiere mit Brillanten und Porträt des Königs für Prinz Ferdinand.« Das Gros der Rechnungen fiel in den Monaten November, Dezember und Januar an, es war die Zeit der Geburtstage, des Weihnachts- und des Neujahrsfestes, des Karnevals und der Empfänge. Bei dem Chronisten Rödenbeck, der versucht hat, jeden Tag im Leben Friedrichs zu dokumentieren, gibt es vom 24. Dezember 1775 bis Dezember 1780 zehn Einträge zu verschenkten Dosen: » eine prächtige Tabatiere« an General Ramin, »Tabatieres mit Porträt an den dänischen Gesandten«, »Der König schenkte dem österreichischen Gesandten von Swieten eine Tabatiere von hohem Wert«. Von einem Tick oder einer Sammelwut des Königs, was die Dosen angeht, kann keine Rede sein. Und was die vermeintliche Verschwendung angeht, so sei an eine bis heute gültige Diplomatenmaxime erinnert: Nur ein beschenkter Diplomat wird ein Diplomat.

Wie viele Tabatieren der König selbst benutzte, lässt sich nicht genau sagen, sie bedeuteten ihm aber viel. Im Alter betrachtete er sie gern, nahm sie in die Hand. Sie waren ein luxuriöser Gebrauchsgegenstand. Wer es sich damals leisten konnte, trank

Tabatiere Friedrichs, um 1555.

Schokolade, Kaffee oder schnupfte Tabak. Zigaretten gab es damals nicht, Pfeifen wohl, aber mit einem »Rotzkocher« konnte der König nichts anfangen. Die elegante Form des Genusses war das Schnupfen, also eine Prise getrockneten und gestampften Tabak über den Handrücken in die Nase zu ziehen. Was bei Ungeübten sofort einen Niesreiz auslöst, von Genuss keine Spur. Bis der sich einstellt, das Tabakaroma in der Gaumenhöhle steht, bedarf es einiger Übung. Wer das beherrschte und sich auf Bällen oder Empfängen nicht mehr blamierte, wollte natürlich auch eine standesgemäße Tabatiere vorzeigen können. In Berlin gab es mehrere Manufakturen, die auch nach Paris und Petersburg lieferten. Den Tabak bezog Friedrich aus Cadiz in Spanien, sein Gesandter hatte sich darum zu kümmern. Die Blätter mussten dunkel und fest sein, also von würziger Qualität. Dreihundert Pfund gingen jedes Jahr nach Potsdam, die Hälfte verschenkte der König, den Rest konsumierte er selbst.

Die letzte von Friedrich benutzte Tabatiere war eine runde Holzmaserdose. In ihr lag noch bis 1943 ein Zettel, geschrieben von seiner Schwester Anna Amalia: »Heute, Donnerstag, d. 21 Sep. 1786, 5 Wochen nach meinem lieben Bruder seinen Todt hat mich sein gewesener Kammerdiener Schönig diese Dose gebracht, welche der seelige König in seiner rechten Seite befindlichen Tasche betändig bey sich getragen hat und worinnen der selbige spanischen Tabak sich befindet. Er gab mir öfter ein Schüffgen sowohl aus dieser, als auch aus den übrigen schönen Dosen, welche er bey sich trug. Trauriges und unschätzbares Andenken dieses großen Mannes. Amalie.«

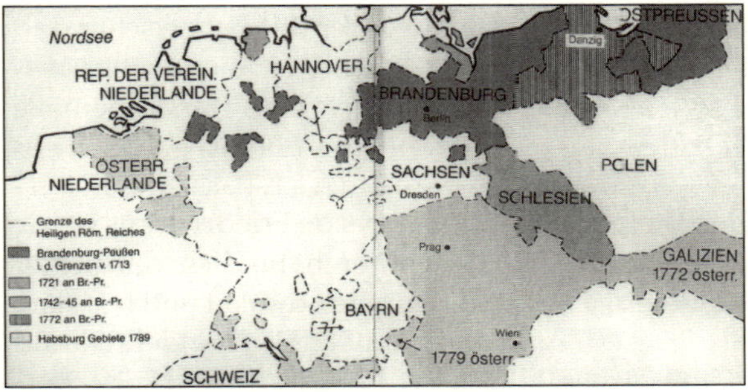

Landkarte von Preußen vor der Teilung.

8. *Friedrich habe die polnische Teilung von 1772 zu verantworten*

Ihnen gehört ein großer Garten. Den alten Baumbestand zu pflegen, bereitet Ihnen und Ihrer völlig zerstrittenen Familie einige Sorge, die großflächigen Gemüsebeete sind nur schwer zu beherrschen und der Blumengarten droht gar zu verwildern. Ihre Nachbarn, die Sie von drei Seiten umgeben, sind der Meinung, Sie hätten zu viel Land, versinken ohnehin im Chaos und schnappen sich jeder ein Stück.

Dieses Bild für die erste polnische Teilung 1772 benutzte ein Diplomat jener Zeit. Es verharmlost, was einige die polnische Tragödie nannten. Andere fuhren gleich großes Geschütz auf und fragten: »Wurde der zweite Weltkrieg nicht schon 1772, durch die Teilung Polens, ausgelöst? Auch damals ging die Initiative von Berlin aus.«[33]

Es gab bei dieser Landnahme keine Schlachten

mit Gewinnern und Verlierern. Diplomaten Russlands, Preußens und Österreichs handelten diesen Coup aus und zogen ihn durch. Paris und London gingen leer aus, worauf die geheuchelte Empörung folgte: Wie ist es im Zeitalter der Aufklärung und Menschlichkeit möglich, einen Staat ohne Kriegserklärung zu besetzen und aufzuteilen?

Interessant ist die Frage nach der Verantwortung. Auf wessen Mist wuchs der Gedanke, wer hielt die Fäden während des Kuhhandels in der Hand, also: Wer ist schuld? Nach dem Ersten Weltkrieg mehrten sich Stimmen, die Friedrich als Urheber der Teilung sahen. Nach dem Zweiten Weltkrieg, der »Wiederholungstäter Deutschland« war endgültig

Karikatur auf die polnische Teilung von 1772.

niedergerungen, galt Friedrich von Preußen nicht nur in der sowjetischen Geschichtsschreibung als Ausbund allen Übels, angelsächsische Historiker ließen an ihm auch kein gutes Haar. Man meint die Deutschen und sagt Friedrich. Sehen wir uns an, was es für Überlegungen zum Thema polnische Teilung in den letzten Jahren gibt: »Fragt man nach der ›historischen Schuld‹ an diesem mitten im Frieden an einem wehrlosen Volk verübten Aggressionsakt, kommt man nicht umhin, auf Brandenburg-Preußen unter Friedrich II. zu verweisen. Er war der Urheber des Plans, sein Bruder Heinrich Haupteintreiber dieser Politik.«[34]

Das anderere Extrem sei hier auch zitiert: »Die polnische Teilung ist ein Meisterstück der Diplomatie, weil ohne Blutvergießen das europäische Gleichgewicht gewahrt werden konnte.«[35] Ein anderes Urteil lautete: »Friedrichs Rolle in der polnischen Affäre wurde später von seinen Feinden und Freunden kritisch ausgeleuchtet. Für die einen blieb er immer der »Spiritus rector«, der Anstifter der ganzen Sache, die anderen sahen in ihm schlimmstenfalls einen »Mitläufer« und schoben Russen wie Österreichern die Verantwortung zu. Weder das eine noch das andere ist haltbar. Der Preußenkönig hatte unzweifelhaft als erster die Idee, er war nur vorsichtig und klug genug, den anderen die Artikulation und die Initiative zu überlassen.«[36] Sebastian Haffner schätzte die Angelegenheit zweihundert Jahre später so ein: »Daß 1772 drei Großmächte im Frieden übereinkommen, sich von einem zwischen ihnen liegenden schwächerem Lande einfach drei passende Teile abzuschneiden, klingt in heutigen Ohren ungeheuerlich… Ob die Idee von Rußland oder Preußen ausging, darüber wird heute noch gestritten. Jedenfalls waren sich beide rasch einig, und Maria Theresia von Österreich beteiligte sich dann auch.« Der von Marxisten als »Royalist« bezeichnete Historiker Schoepes ließ 1995 dazu folgendes wissen: »Es sei betont, daß Rußland die treibende Kraft bei den polnischen Teilungen gewesen ist. Die staatliche Selbständigkeit Polens wäre wohl auch ohne diese Teilung nicht aufrecht zu erhalten gewesen; die Alternative hätte die totale Okkupation durch das Zarenreich bedeutet.« Die Bälle gehen also hin und her.

Bevor wir die aktuelle Beweislage würdigen, wollen wir einen kleinen Ausflug in das Polen von 1772 machen. Es hatte die Größe Frankreichs, die Ostgrenzen lagen vor Kiew und Smolensk, im Süden reichte es bis an das Osmanische Reich. Etwa siebeneinhalb Millionen Polen, Litauer, Russen, Juden und Deutsche lebten dort, zum großen Teil damit beschäftigt, einander zu bekämpfen. Einen polnischen Nationalstaat, wie Frankreich einer war, gab es nicht. Im ausschließlich von polnischen Adligen besetzten Reichstag stand jeder gegen jeden, es regierten Familien mit dem größten Landbesitz. Sie unterhielten Privatarmeen und nannten sich Fürsten. Polen war eine Wahlmonarchie. Wer dem Reichstag in Warschau genug Geld bot, konnte die polnische Königskrone kaufen und wurde in Krakau gesalbt. Das taten August der Starke und sein Sohn. In einem Reisebericht von Bernoulli aus dem Jahr 1779 hieß es: »Polen könnte reich sein, es hat gute Böden, Salz und etliche Erze in den Bergen, allein es ist das ärmste Land, das ich gesehen. Drei Geißeln halten es fest in Griff; die Politik ihrer Adligen, die Religionen und die verschiedenen Rassen. Polen wird zugrunde gehen an sich selbst oder Bestand eines anderen Reiches werden. Es gibt hier zwei Schichten von Menschen, die Adligen und deren Bauern. Die Adligen sind an Zahl so stark, wie wohl nirgends auf der Welt, was daher rührt, daß, als die Polen mit den Kaiserlichen vor den Toren Wiens gegen die Türken kämpften und siegten, ein jeder polnischer Lanzenträger in den Adelsstand erhoben wurde. Diese Herren hausen wie die Bauern, die sie vor hundert Jahren gewesen sind, in Hütten, gebärden sich aber wie Generäle. Die Städte in Polen sind mit der Ausnahme von Warschau nur noch als Räuberhöhlen zu bezeichnen. In Krakau, dieser einst so stolzen wie reichen Stadt, wird statt Handel auf dem Markt Gemüse gezüchtet und Schnaps gebrannt. In den Straßen wächst Gras, ich habe nicht eine Kutsche gesehen, wohl aber Edelleute. Sie ritten auf Eseln und rühmten sich damit, jeden Tag einen Eimer Champagner leeren zu können und noch nach Hause zu finden.«

Ein Zeitsprung in das Jahr 1979 beschert uns diese Meinung über das damalige Polen: »Ein Chaos, das das polnische Volk seinen Adligen verdankte, Adlige, die keine Edlen waren. Mit allen Privilegien ausgestattet, jede Arbeit verabscheuend, selbst den Kriegsdienst, hausten sie auf ihren durch Erbteilung immer kleiner gewordenen Höfen, verdummt, korrupt, verkommen, ihre Bauern schlechter behandelnd als das Vieh, dabei von einer Arroganz, die so weit ging, daß sie lieber barfuß liefen, als durch das Tragen von Bastschuhen mit ihren eigenen Leibeigenen verwechselt zu werden… Diese Adligen, ihrer Jämmerlichkeit wegen das Gespött Europas, waren zahlreich genug und besaßen genügend Einfluß, die Herstellung einer staatlichen Ordnung zu verhindern. Auf ihren Reichstagen genügte eine einzige Gegenstimme, um jeden Beschluß hinfällig zu machen. Stimmenkauf war nicht allzu teuer, bisweilen dreißig Dukaten oder einen größeren Posten Speisesalz.«[37]

Es stand nicht gut um Polen, die ausländische Einflussnahme wurde um so drückender, je gleichgültiger die verschiedenen Clans in Polen dem gegenüberstanden: »Nach dem Tod des letzten sächsischen Herrschers auf dem polnischen Thron (1763) hatte Zarin Katharina II. die Wahl ihres früheren Liebhabers Stanislaus Poniatowski zum König von Polen durchgesetzt. Ein Teil des polnischen Adels opponierte gegen diesen Erfüllungsgehilfen Sankt Petersburgs und tat sich dabei sogar mit Rußlands Erzfeind, den Türken zusammen. Während Katharinas Truppen heranrückten, um den Aufstand niederzuschlagen, bat der bedrängte Poniatowski auch Österreich um Unterstützung. Joseph II. ließ sich das nicht zweimal sagen und besetzte dreizehn Städte ... Die Wiedervereinigung mit der Stephanskrone schien den beiden großen Nachbarn, Zarin Katharina und dem Preußenkönig Friedrich, die schon lange gehegte Vermutung zu bestätigen, daß hier Eroberungen auf wohlfeile Art zu machen waren.«

Lieber Leser, wir sind bereits mitten im Verwirrspiel aus Haken, Ösen und Schleifen bei folgender Ausgangssituation: »König August III. war gestorben, ein Nachfolger nötig, und der durfte nach Katharinas Meinung auf keinen Fall wieder ein Sachse sein. Die ›glückliche Anarchie‹ Polens, wie sie das nannte, mußte erhalten bleiben und damit der alles durchdringende russische Einfluß. Am geeignetsten dafür schien ihr der Graf Poniatowski, ein junger, schöner Mensch, der sich als einer ihrer Liebhaber so bewährt hatte, wie er als König versagen würde. Ausgerechnet Poniatowski versuchte, nachdem er König geworden war, das Veto abzuschaffen, um durch eine Verfassungsreform Polen der Bevormundung durch die große Schwester Rußland zu entziehen. So aber hatte Katharina, von ihrem Exgeliebten tief erschüttert, nicht gerechnet. Sie schickte Truppen. Es kam zum Krieg gegen die Eindringlinge, zum Bürgerkrieg … schließlich zum Krieg der Türken gegen die Russen, von Frankreich und Österreich vorsorglich angestiftet, um die Zarin unter Druck zu setzen.«[38]

Was hatte das mit Friedrich zu tun? Gar nichts.

Aber Polen wurde nicht ohne Friedrich geteilt. Der König liebäugelte immer mal wieder mit dem entfernten Verbindungsstück zwischen Brandenburg und Preußen. Ein Blick auf die historische Landkarte genügt, um zu sehen, wie grotesk zerrissen das Königreich Preußen mit der Hauptstadt Königsberg und das Kurfürstentum Brandenburg mit seiner Residenz in Potsdam war. Österreich gedachte sich südlich auf dem Balkan auszubreiten, Russland begehrte die Ukraine als wichtige Kornkammer. Sie wurde mit der Begründung besetzt, die dort lebenden russisch-orthodoxen Bauern vor den dauerhaften Übergriffen polnischer Katholiken zu schützen. Womit wir uns der Streitfrage nähern: Wer arbeitete als erster konkret an Polens Aufteilung, trägt die politische Verantwortung dafür? Horace Walpole nannte die beteiligten Höfe in Petersburg, Potsdam und Wien den »unverschämtesten Räuberverein, den es je gegeben hat«. Tragen wir zusammen, was zur Teilung von 1772 führte.

1760, Berlin: Für König Friedrich begann das fünfte Jahr im großen Krieg. Österreich, Russland, Schweden, Frankreich und Sachsen marschierten gegen ihn, die Existenz seines Staates stand auf dem Spiel. Berlin wurde im Oktober von Russen und Österreichern besetzt. An eine Teilung Polens dachte Friedrich ganz gewiß nicht …

1760, Wien: Kanzler Kaunitz leitete die Politik in der Hofburg. Man hoffte, den Krieg gegen Preußen endlich siegreich beenden zu können, die Pläne zur Aufteilung Preußens waren ausgearbeitet.

1760, Sankt Petersburg: Zarin Elisabeth lag krank und wollte nicht mehr regieren. Ihr Vertrauter, Kanzler Bestusew, erbitterter Feind Friedrichs, hatte die Zügel in der Hand. Nach dem Sieg über Preußen erwartete Bestusew von Österreich Entgegenkommen bei der »Neuordnung Polens«. Zur gleichen Zeit verfasste Großfürstin Katharina, die spätere Zarin, ein Geheimpapier, harmlos »Apercus« genannt. Sie entwarf darin für ihre eigene Regentschaft Eckpunkte russischer Außenpolitik. In Polen wünschte sie zunächst keinen Deutschen mehr auf dem Thron, sondern einen Russlandtreuen, wenn möglich gar einen Russen.

Planspiele über die Zukunft Polens gab es an vielen europäischen Höfen, aber sie waren belanglos, weil ohne Russlands Zustimmung nicht durchführbar. Planspiele über Polen am russischen Hof konnten dagegen sehr wohl ohne Absprachen mit anderen Mächten realisiert werden. Katharinas Strategie lief auf nichts anderes hinaus, als: »die schrittweise

Eingliederung Polens in den Verband des Russischen Reiches.«[39]

1761, Berlin: Für Friedrich war die Lage auf dem Schlachtfeld äußerst angespannt. Berlin wurde erneut von den Russen bedroht.

1761, Wien: Der Sieg über Preußen gelang auch in jenem Jahr nicht, die Kassen waren nahezu erschöpft, Kriegsmüdigkeit machte sich breit.

1761, Sankt Petersburg: Zarin Elisabeths Gesundheitszustand verschlechterte sich. Sie überwarf sich mit Katharina und beschuldigte sie des Landesverrats.

1762, Berlin: Friedrich hoffte im sechsten Kriegsjahr auf eine Entscheidungsschlacht. Ihm fehlte es an Geld und Soldaten. Prinz Heinrich riet, auf Schlesien zu verzichten und um Frieden zu bitten.

1762, Wien: Kanzler Kaunitz suchte nach neuen Hilfsquellen zur Fortführung des Krieges.

1762, Sankt Petersburg: Zarin Elisabeth starb im Januar. Thronfolger Peter III. stellte sofort seine Kriegshandlungen gegen Preußen ein. Bei einem Putsch wurde Peter im Juni gestürzt, Alleinherrscher war Katharina. Sie bestätigte gegenüber Preußen Neutralität im gegenwärtigen Krieg. Auch Schweden beendete den Krieg. Friedrich hatte den Rücken frei. Mit der für Preußen gewonnenen Schlacht von Freiberg im Oktober endeten die Auseinandersetzungen, im Frühjahr 1763 kam der Friedensvertrag zustande. Im Oktober des Jahres starb einer der Kriegsverlierer, August III., König von Polen, Kurfürst von Sachsen. Die europäischen Höfe schreckten wieder auf. Was sollte aus Polen werden?

Preußen war ausgeblutet, auf den Krieg folgte eine Wirtschaftskrise. Friedrich bereiste seine Provinzen, um den Wiederaufbau voranzutreiben, über die Zukunft Polens machte er sich keine Gedanken. Katharina von Russland schon, sie schrieb am 2. August 1762 ihrem Liebhaber Graf Poniatowski, dass sie ihn als zukünftigen König von Polen wünsche, obwohl August noch lebte und regierte. Hermann von Keyserlingk setzte zu jener Zeit Katharinas »Apercus« in konkrete Pläne um. In der Deutschlandpolitik befürwortete sie ein Bündnis mit Preußen, schon um die russischen Interessen in Polen besser durchsetzen zu können. Das Bündnis kam im März 1764 zu Stande, im September wurde Poniatowski polnischer König.

Der junge Mann folgte aber nicht dem Szenario seiner Gönnerin, als Sachwalter ihrer Interessen zu dienen. Die in Warschau akkreditierten Diplomaten meldeten jeden Lufthauch, hörten Gras wachsen, bestachen fleißig polnische Adlige, um an Informationen heranzukommen. Was wollte Poniatowski? Wie würde sich Friedrich von Preußen gegenüber dem Abweichler Katharinas verhalten? Im Januar 1765 berichtete der sächsische Resident August Franz Essen von Warschau nach Dresden, dass Russland und Preußen womöglich Polen unter sich aufteilen könnten. Am 3. Oktober 1767 ging seine Spekulation dahin, dass Zarin Katharina mit ihrer Einmischung in Polen »sicherlich auch auf die Vermehrung ihres Ansehens und Einflusses in Deutschland sinne, so daß alles, was ich in Polen sich begeben sehe, mir nur als eine Vorbereitung zu den Mitteln erscheint, durch welche man ein entferntes Ziel zu erreichen hofft«. Essen lieferte keine besonders kühne Analyse, vergessen wir nicht, Russland und Sachsen waren im Siebenjährigen

Poniatowski, Porträt von 1780.

Krieg bis 1763 Verbündete gegen Preußen, das unter den Siegermächten genauso geteilt werden sollte wie Polen. Wie war die Situation in Polen? König Stanislaus gelang der Spagat zwischen nationalistischen und russlandhörigen Adligen nicht. Es kam, was kommen musste, die Stimmung im Lande kippte, Übergriffe der einen Seite wurden mit Übergriffen der anderen beantwortet, die Landadligen kauften sich Söldner, bauten Privatarmeen auf. Im Januar 1768 organisierten sie sich und bekämpften zunächst die in Polen stehenden russischen Truppen. Eine offene Herausforderung der Zarin. Gleichzeitig kam es zu blutigen Kleinkriegen zwischen russischen Bauern und polnischen Grundherren. Polen versank in Anarchie, der Konflikt reichte bis an die russisch-türkische Grenze. Und endlich geschah auch, worauf die französische Geheimdiplomatie mit ihren Intrigen und Falschmeldungen seit Jahren hingearbeitet hatte: Das osmanische Reich erklärte Russland am 25. September 1768 den Krieg. Katharina, mit Unruhen im eigenen Land und dem Bürgerkriegspolen beschäftigt, konnte diese Front überhaupt nicht gebrauchen. Und Friedrich, der angebliche Anstifter zur polnischen Teilung, welche Rolle spielte er bis dahin in diesem Spiel? »Friedrich verfolgte die polnischen Ereignisse vier Jahre lang mit höchster Besorgnis. Er hatte zwei Ziele im Auge: 1. seinem Staat unter allen Umständen den Frieden zu erhalten, 2. durch nichts, aber auch gar nichts, das Bündnis mit Rußland zu gefährden... Die Erfahrungen des Siebenjährigen Krieges hatten ihn in der Überzeugung gestärkt, daß die stärkste Überlebensgarantie für Preußen nur in einem Bündnis mit der großen Macht des Ostens gesucht werden könne. Wie stellte sich ihm um die Jahreswende 1770/71 die Lage dar? Die Konföderierten (Aufständischen) waren hoffnungslos geschlagen, Polen blieb von russischen Truppen besetzt, König Stanislaus war eine willenlose Puppe in den Händen der Zarin, das polnische Reich weitgehend ein Satellit Russlands. Der Krieg gegen die Türkei, der den Russen große Anfangserfolge gebracht hatte, drohte Österreich zu erreichen.

Wie konnte man die Katastrophe bannen? Wie war es möglich, sich einerseits die russische Freundschaft zu erhalten, ohne sich andererseits mit den Österreichern schlagen zu müssen?«[40] Friedrich suchte nach dem Ei des Kolumbus. Am 24. August 1769 trafen sich Friedrich und Joseph II., Sohn und Mitregent von Maria Theresia von Österreich. Beide Monarchen waren einander soweit sympathisch,

Zarin Katharina, um 1780.

dass sie offen über die Lage redeten und jeder versuchte, den anderen in sein Lager zu ziehen. Erfolglos. Ein halbes Jahr danach trafen sich beide noch einmal und verkündeten ihre Neutralität im russisch-polnischen Krieg. Aber wie sollte das funktionieren? Friedrich war mit Russland verbündet, er musste, um nicht seine Truppen auf den Balkan zu entsenden, jährlich 400 000 Rubel an Petersburg überweisen. Das Geld hätte er dringend im eigenen Land gebraucht, und Friedrich hoffte auf ein schnelles Kriegsende und eine Entschädigung. Welcher Art? Friedrich griff Katharinas Konzept von der polnischen Teilung auf, womit auch Joseph II. bereits spekulierte. Die Teilung sollte zumindest Polen befrieden. Russland aber wollte nicht mit Österreich schachern, heißt, Katharina gönnte Joseph keinen Gebietszuwachs. Österreich reagierte promt: »Der Stein kam Ende 1770 ins Rollen, als die 1412 von der ungarischen Krone an Polen verpfändete Grafschaft Zips und weitere Karpatenbezirke durch österreichische Truppen okkupiert wurde.«[41]

Um noch eins draufzusetzen, gab Österreich im

Sommer 1771 seine Neutralität gegen Russland auf und schloss ein Bündnis mit dem Osmanischen Reich. Die Luft in Europa brannte wieder, Katharina und Friedrich waren in der Defensive und mussten die Annexion polnischer Gebiete durchgehen lassen. Die reale Gefahr bestand, dass Österreich im Schutz der Hohen Pforte weitere Brocken Polens schluckte, auch Serbien war im Visier. Friedrich sah das alles und sandte im Winter 1770/71 seinen Bruder Heinrich zur Zarin, um der Krise beizukommen. Die Lösung war eine Vorwärtsstrategie: die polnischen Teilung. Russland und Preußen einigten sich im Mai 1772, Österreich kam im August dazu. Russland nahm sich Livland und Teile der Ukraine (84 000 qkm) Österreich die südlichen Teile Polens (83 000 qkm) und Preußen ein 34 000 qkm großes Landstück bis Danzig. Polen verlor 27,8 Prozent seines Territoriums. Die Abgeordneten des polnischen Reichstages hatten gegen Bestechungsgelder die Teilung gebilligt. In einigen Gegenden der abgetrennten Gebiete wurden die neuen Landesherren von den Polen gefeiert.

Versuchen wir ein Resümee. Katharina liebäugelte schon als Thronanwärterin mit der Vereinnahmung polnischer Gebiete. Ihre »Apercus« waren keine harmlosen Gedankenspiele, sondern Ausdruck ihres imperialen Machtanspruchs. Für sie bedeutete der Zugang zum Westen nicht nur einen Ressourcengewinn, sondern auch Zivilisation. Der Kieler Historiker Mörke bemerkte dazu 1998: »Es entstand deshalb ein gleichsam struktureller Zwang zu einer europaorientierten Großmachtpolitik, die unter Katharina ihren Höhepunkt erreichte. Die Zerstückelung Polens im Verein mit

Österreich und Preußen ist ein spektakuläres Indiz dafür.« Es wäre aber verkürzt, Katharina die »Schuld« an der Teilung zu geben. Auch sie stand in Handlungszwängen, und die resultierten aus der Politik ihrer Vorgänger. »Von Anfang an nämlich erfolgte der Aufstieg des Zarenreiches in einer endlosen Reihe von Waffengängen gegen durchaus ernst zu nehmende Konkurrenten, die dann in Jahrzehnte währenden Auseinandersetzungen niedergerungen wurden: Das begann mit den Kriegszügen gegen die Goldenen Horden, deren Erbe die Zaren im südrussischen Raum antraten, setzte sich fort in der Konfrontation mit dem polnisch-ukrainischen und anschließend mit dem schwedischen Reich, die der nordwestlichen Expansion im Wege standen, und wurden ergänzt durch den jahrelangen Konflikt mit den Osmanen – da sie den Bosporus und die Dardanellen kontrollierten, versperrten sie den ungehinderten Zugang zu eisfreien und damit ganzjährig befahrbaren Schiffsrouten ....Dann kam der Dauerkonflikt mit der Donaumonarchie hinzu, in dem es um die Herrschaft über die west- und südslawischen Völker ging ....«.[42]

Friedrich wollte einerseits nicht in diese Auseinandersetzung hineingezogen werden, konnte das Bündnis mit Russland andererseits jedoch nicht riskieren. Friedrich ist weder geistiger Vater der Teilung, noch hat er sie vorangetrieben. Der letzte Forschungsstand lautet dann auch: Friedrich »hat das Szenarium einer vollständigen Teilung ... weder herbeigeführt noch geplant.«[43]

Nach Friedrichs Tod wurde Polen 1792 und 1796 erneut geteilt, danach gab es das Land vorerst nicht mehr.

Kiste mit Büchern des Grafen Goertz.

9. *Friedrich sei in seinen letzten Lebensjahren außenpolitisch erfolglos gewesen und Preußen völlig isoliert, oder: Der Deutsche Fürstenbund von 1785 als erster Versuch zur deutschen Einheit*

Donnerstag, 2. September 2004:
»Hallo Herr Leithold, hier spricht Ihr Antiquar. Bei mir im Lager ist noch eine Kiste mit Büchern vom Grafen Goertz aufgetaucht, etwa sechzig Bände. Einige sind arg zerlesen. Ich bringe sie morgen ins Geschäft. Sie können dann selbst sehen.« Als der

Antiquar aufs Band sprach, saß ich im Zug. Nachts kam ich nach Hause, hörte keine Nachrichten mehr und wusste demzufolge auch nicht, was sich seit halb neun Uhr abends in Weimar ereignete. Die Herzogin-Anna-Amalia-Bibliothek brannte, die Flammen breiteten sich vom Dachstuhl in die unteren Etagen aus. Hunderte Freiwillige halfen, aus dem Gebäude zu retten, was noch zu retten war, während die Feuerwehr löschte, was noch zu löschen war. An die fünfzigtausend Bücher gingen dennoch in Flammen auf. Am nächsten Tag, als Experten und Politiker die Trümmer in Weimar besichtigten, hörte ich den Anrufbeantworter ab und hatte es eilig, zum Antiquar zu kommen. Warum, werden Sie fragen? Die mir angebotenen Bücher stammen aus der Bibliothek des Reichsgrafen Johann Eustach von Goertz, von 1759 bis 1774 Erzieher des Herzogs Carl August von Sachsen-Weimar und geistreicher Gesprächspartner der kunstsinnigen Herzogin Anna Amalia. Graf Goertz und die Herzogin sammelten die gleichen Bücher, ließen sie in Kalbsleder einbinden und die Buchrücken schmücken. Unter den Goertz-Büchern im Antiquariat waren wahrscheinlich Zwillingsexemplare der nunmehr verbrannten Weimarer Bücher. Das musste einen Sammler reizen, war aber für mich nicht der Grund, schnell in der Kiste zu stöbern. Graf Goertz war seit 1779 als Diplomat Friedrichs II. im preußischen Dienst. Jahre später, Friedrich war schon tot, erschienen Bücher zu außenpolitischen Vorgängen, für die auch Goertz verantwortlich war. Die meisten dieser Publikationen erschienen in Frankreich in den Revolutionsjahren und sind angefüllt mit Dokumenten aus den einst geheimen königlichen Ar-

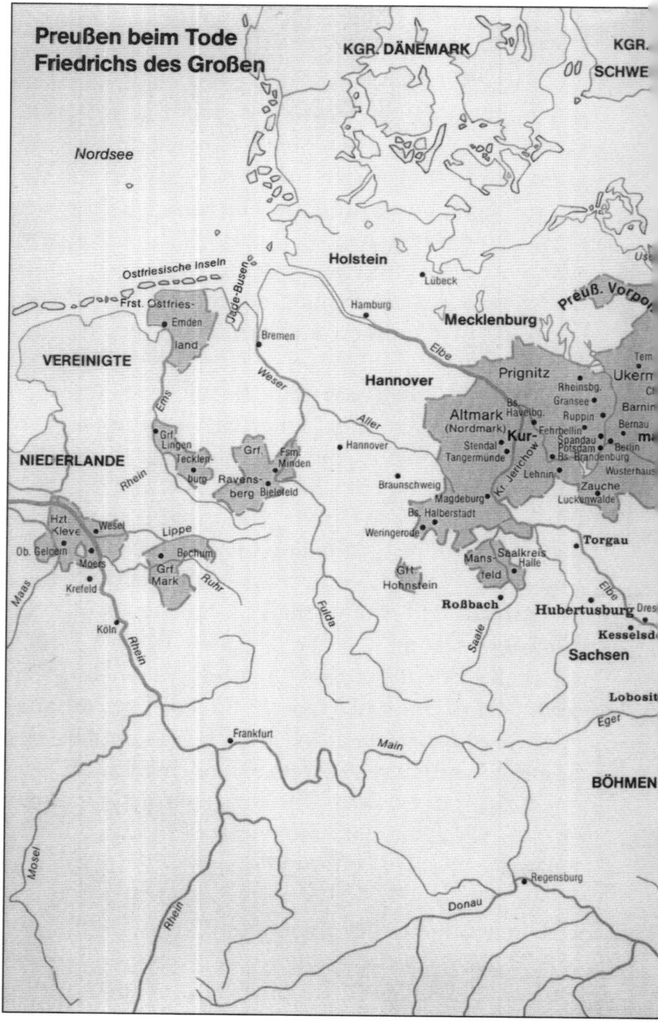
Preußen beim Tode
Friedrichs des Großen
KGR. DÄNEMARK
Nordsee
Holstein
Lübeck
Ostfriesische Inseln
Jade-Busen
Frst. Ostfriesland
Emden
Hamburg
Mecklenburg
Bremen
VEREINIGTE NIEDERLANDE
Weser
Elbe
Hannover
Prignitz
Rheinsbg.
Gransee
Ruppin
Bernau
Berlin
Altmark (Nordmark)
Bs. Havelbg.
Fehrbellin
Spandau
Potsdam
Bs. Brandenburg
Kur-
Kr. Jerichow
Stendal
Tangermünde
Lehnin
Wusterhaus
Zauche
Luckenwalde
Ems
Grf. Lingen
Tecklenburg
Grf. Ravensberg
Fsm. Minden
Bielefeld
Aller
Hannover
Braunschweig
Magdeburg
Bs. Halberstadt
Weringerode
Rhein
Hzt. Kleve
Wesel
Ob. Gelgern
Moers
Krefeld
Lippe
Bochum
Grf. Mark
Ruhr
Maas
Mansfeld
Saalkreis
Halle
Torgau
Grft. Hohnstein
Roßbach
Hubertusburg
Sachsen
Köln
Rhein
Fulda
Saale
Lobosit
Eger
Frankfurt
Main
BÖHMEN
Mosel
Regensburg
Donau
Rhein

Ostsee
Memel
Schalauen
Kurisches Haff
Tilsit
Memel
Nadrauen
Samland
Königsbg.
Pregel
Brandenburg
Frisches Haff
Natangen
Barten
Lauenburg
Stolpe
Danzig
Elbing
Hzt. Preußen
Sudauen
Köslin
Pommern
Kolberg.
Pomerellen
Pomesanien
Ermland
Marienburg
Allenstein
Bs. Cammin
Persante
Pogesanien
Hinter-
Marienwerder
Galinden
West-Preußen
Tannenberg
Graudenz
Sassen
Kulmerland
Narew
Stargard
Netze-Distrikt
Bromberg
Kulm
Neumark
Netze
Thorn
Bug
Landsberg
Brandenburg
Warthe
Weichsel
Küstrin
Warschau
Kunersdorf
Frankf.
KGR. POLEN
Krossen
Kr. Schwiebus
Oder
Glogau
Wartenberg
Liegnitz
Hochkirch
Leuthen
Jauer
Breslau
Warthe
Neiße
Schlesien
Oppeln
Mollwitz
Hohenfriedeberg
Beuthen
Soor
Neiße
Ratibur
Glatz
Weichsel
Prag
Kolin
Chotusitz
Mähren
Donau
Wien

chiven. Graf Goertz schrieb, wenn es um ihn ging, seine Anmerkungen mit brauner Tinte an den Buchrand. Danach suchte ich, und einige dieser Randbemerkungen haben mit unserem Thema zu tun. Sie sind interessant und wertvoll, weil sie im Gegensatz zur gängigen Geschichtsschreibung stehen.

Das traurige Schicksal der Goertzschen Bibliothek beschäftigt mich übrigens seit Jahren. Bis 1995 waren die Bände des hochgebildeten Herrn auf Schloss Rechberg im Württembergischen. Dann starb der letzte Erbe kinderlos, und es schlug die Stunde der Verwerter. Ein großes Frankfurter Auktionshaus nahm sich der Kostbarkeiten an. Die Arbeitsweise der Spezialisten sah so aus: Man nahm mit, was an Prachtbänden in den Vitrinen und Regalen für die eigene Auktion brauchbar war, möglichst dekorativ gebunden und mit kolorierten Stichen versehen. Davon gab es eine Menge, lange Reihen über Botanik, die berühmte Enzyklopädie von Diderot, Bücher zur Kunst und selbstverständlich zur Politik der damaligen Zeit. Die Verwerter stießen jedoch selten auf komplette Ausgaben. Der Grund war so einfach wie fatal für die Geschlossenheit der Sammlung: Der letzte Graf hatte es sich zur Angewohnheit gemacht, aus den Reihen nur einen Titel in Vitrinen und Regale zu stellen, die dazugehörigen restlichen Bände kamen in Truhen auf den Boden von Schloss Rechberg. Zwar suchten die Geschäftsleute auch dort, aber sie brachten die in den Zimmern und die unter dem Dach gefundenen Titel nicht zusammen, sondern überließen sie anderen Antiquariaten als »inkomplett«. Auf diese Weise kamen aus der gefledderten Goertz-Bibliothek 1996 dreihundertfünfzig Titel nach Schwerin. Einige der

Graf Goertz, Stich um 1796.

Bücher standen dort im Schaufenster des Antiquariats, andere füllten sonst leere Borde. Weil sich aber niemand für die Bücher interessierte, wurden sie ins Lager verfrachtet. Bis auf drei Bände, sie lagen für jeweils 10 Euro in der Grabbelkiste, wo ich sie 2002 zum ersten Mal sah.

Bevor wir uns mit den Anmerkungen des Grafen zum Thema dieses Kapitels beschäftigen, soll kurz an die europäische Großwetterlage nach 1763 erinnert werden.

Friedrich hatte sich, nur mit England verbündet, im Siebenjährigen Krieg gegen Österreich, Russland, Frankreich, Schweden und Sachsen behauptet. Zeitweise stand Preußens Existenz angesichts der gegnerischen Übermacht auf dem Spiel. Eine Lehre aus den Schreckensjahren war für Friedrich, ein Schutzbündnis mit dem zuvor verfeindeten Russland zu schließen. Das Bündnis kam zu Stande und hielt bis 1781. Eine andere Lehre war die Annäherung an das verfeindete Österreich. 1769 und 1770 trafen sich der Kaiser des Heiligen Römischen Reiches Deutscher Nation, Joseph II., und Friedrich. Eine dritte Lehre für den Preußenkönig war, weder mit England noch mit Frankreich Bündnisse einzugehen, weil beide Nationen wegen ihrer Kolonien ständig miteinander im Krieg lagen, in den Preußen als Verbündeter hineingezogen worden wäre. Auch die Normalisierung der Beziehungen zum Nachbar Sachsen war Friedrich wichtig, ab 1779 standen Preußen und Sachsen im Bündnis gegen Österreich. Erinnert sei auch an den unsäglichen »Kartoffelkrieg« von 1778. Joseph II. hatte Niederbayern besetzt und bot Friedrich, wenn er die Okkupation durchgehen ließ, Teile der Niederlausitz, also sächsisches Kronland an. Friedrich ließ den Kuhhandel nicht durchgehen, Joseph wollte Niederbayern nicht räumen, der Pfalzgraf von Zweibrücken rief Friedrich um Hilfe an und die Preußen marschierten. Eine Schlacht wurde in diesem Krieg nicht geschlagen, es war Winter, die Heere waren zu riesig, blockierten sich gegenseitig, Seuchen grassierten. Gelangweilte Preußen und Österreicher bewarfen sich mit Kartoffeln. Nicht weil Kaiser Joseph von einer dieser Erdfrüchte getroffen wurde, zog er sich aus Niederbayern zurück – wo man Friedrichs bis heute in Dankbarkeit gedenkt – sondern weil Preußens Diplomatie auf Hochtouren arbeitete, darunter Graf Goertz. Im Mai 1779 beugte sich der Kaiser und unterzeichnete den Frieden von Teschen.

Stand der König damit zu jener Zeit außenpolitisch in der Ecke, wie etliche Historiker meinen? »Der Alte Fritz war außenpolitisch mit seinem Latein am Ende. Gewiß, im nationalen Rahmen des Reiches stand er glänzend und unbezwinglich da. Aber in der internationalen Politik war Preußen völlig isoliert. Es existierten weder Bündnisse mit dem Osten noch mit dem Westen«[44]

»Es ist erstaunlich, wie wenig der auf die Außenpolitik fixierte König in der Lage war, innere Entwicklungen in anderen Ländern auch nur annähernd richtig zu erfassen.«[45] Dieses Totalversagen Friedrichs habe dann auch in »den Untergang Preußens bei Jena und Auerstedt 1806 geführt... weil der Feudalismus in der von Friedrich II. ausgeprägten Endgestalt der preußisch-absolutistischen Diktatur nicht mehr weiter entwickelbar war... Der Untergang des Staates war schon jetzt reif«.[46]

Rudolf Augstein mit seinen lebenslang gepflegten Ressentiments gegen den König bezeichnete Friedrichs spätere Außenpolitik so: ein König, der im Nichtstun noch Fehler fabrizierte, der unfähig war, selbst ein dringend nötiges Bündnis auf die Beine zu stellen, wozu der erst 1785 geschlossene Deutsche Fürstenbund nicht zählen könne, weil er politisch belanglos und nur Friedrichs Hilflosigkeit geschuldet war.

Ganz anderes ist die Bewertung von Kunisch (2004). Er sieht die politische Bilanz des Preußenkönigs so: »Es zahlte sich jetzt aus, daß die preußische Diplomatie bereits nach dem Ende des Siebenjährigen Krieges und vor allem seit der Kaiserwahl Josephs II. damit begonnen hatte, eine sehr viel flexiblere Reichspolitik zu betreiben. Sie hatte zu bemerkenswerten Folgen geführt und zugleich bewirkt, daß eine wachsende Zahl von Reichsständen auch über konfessionelle Barrieren hinweg in Preußen eine politische Alternative zum Kaiserhaus zu sehen begannen.«

Nach »völliger Isolation«, »Ende mit seinem Latein« und fälligem »Untergang« hört sich das nicht an. Und wenn wir gleich auch noch die beiden Anmerkungen des Grafen Goertz lesen, fragen wir uns, woher der krasse Widerspruch in der Bewertung von Friedrichs Politik kommen mag.

Wie passierte unter Friedrich Außenpolitik? Gab es wie bei Joseph II. oder Ludwig XVI. einen wöchentlich tagenden Rat, wo Probleme besprochen und Entscheidungen gefällt wurden? Überließ Friedrich einem Minister oder Günstling die Außenpolitik? Bislang gilt: Der König entschied allein. Ganz gleich, ob als Feldherr über das Kriegsgeschehen, ob als Künstler über auszuführende Bauten oder Opernkostüme, ob als Landwirt. Seine Entscheidungen über Fruchtfolgen und Viehhaltung waren quasi Gesetz. Bislang gilt: Der König zog bei schwerwiegenden Entscheidungen Berater hinzu. Vor dem Siebenjährigen Krieg war das General von Winterfeld, in außenpolitischen Belangen besprach er sich mit seinem Bruder Prinz Heinrich. Eigene Kompetenzen hatte der Prinz nicht und dem formal für das »Äußere« zuständigen Minister Herzberg sprechen die Historiker keinen Entscheidungsspielraum zu.

Aber weiter im Verwirrspiel Politik: Der Friede von Teschen war geschlossen, der »Kartoffelkrieg« beendet, Russland war Garantiemacht, und Friedrich bemühte sich, den russisch-preußischen Bündnispakt, der 1781 ablief, zu verlängern. Da war aber

Graf Herzberg, Stich 1786.

sein Rivale Kaiser Joseph vor. Der versuchte nämlich seit geraumer Zeit, Kaiserin Katharina klar zu machen, dass Österreich und Russland mehr außenpolitische Gemeinsamkeiten hätten als Preußen und Russland.

Die geopolitische Lage in Mittel- und Osteuropa hatte sich nach dem Ende des Siebenjährigen Krieges 1763 grundlegend geändert. Mitteleuropa war befriedet, Polen 1772 geteilt, dort war vorerst kein Blumentopf für Österreich und Russland zu gewinnen. Die Zarin wollte endlich die Türken nach jahrhundertelanger Herrschaft vom Balkan vertreiben. Bei Johann Daniel Preuß, dem großen Dokumentensammler des 19. Jahrhunderts, lesen wir: »Der Teschener Friede sah die großen Mächte von Europa in gespannten Lagen. Einige hatten sich schon wieder Krieg erklärt, andere suchten, unzufrieden mit den alten, neue Freunde, andere bemühten sich fruchtlos um die alten, alle aber richteten ihr Verlangen nach St. Petersburg. In dieser Stellung muß Katharina … es nicht unmöglich finden, die Türkei ganz zu vernichten und Griechenland unter einem Prinz ihres Hauses zu erneuern« (1832).

Friedrich konnte an der Zerschlagung des Osmanischen Reiches kein Interesse haben, weil Russland dadurch übermächtig geworden wäre. Der König schickte seinen Krisenmanager Goertz 1780 als Gesandten nach Petersburg. Der Graf warb als Antwort auf Katharinas Pläne um eine preußisch-russisch-türkische Allianz. Das konnte nur schief gehen, Russland und Österreich schlossen 1781 einen Pakt. In Paris reagierte man verunsichert. Warnte Joseph vor übereilten Schritten, suchte ein Sonderbündnis mit Katharina, um auch etwas vom Kuchen abzubekommen. London hoffte, durch die russische Expansion auf dem Balkan besser Handel mit dem Zarenreich treiben zu können. Zu dieser Politik konnte Preußen kein Quäntchen beisteuern. Es hatte weder Kolonien auf dem Balkan noch Grenzen mit dieser Region. Friedrich wollte dort weder erobern noch Zünglein an der Waage spielen. Friedrich hielt sich raus und wartete ab, wie lange es mit der ehrgeizigen Kaiserin und dem ehrgeizigen Joseph gut ging, und dachte um, setzte neue Prioritäten. Nach der Unterzeichnung des Friedens von Teschen im Mai 1779 hatte sich der König die Gesandten der gegen Österreich eingestellten Reichsfürsten nach Potsdam geholt. Vom 11. August 1779 an konferierte man mehrere Tage im Neuen Palais.

Beim nimmermüden Chronisten Rödenbeck heißt es über diese Tage, dass der »König jeden mit einer Tabatiere von hohem Wert und dem Porträt des Königs geziert beschenkte. Sie waren ... die Bevollmächtigten beim Teschener Frieden gewesen.« In einem Band von Flassans »Historique de la Diplomatique...«, in dem es um Österreichs erneuten Versuch ging, Niederbayern zu okkupieren (1785), schrieb der Graf mit brauner Tinte an den Rand: »Im August 1779 erste Beredungen im Geheimen zu einer Allianz Deutscher Fürsten«. Und: »Die Vorstellungen Sj. Majestät gingen dahin, die Deutschen Fürsten zu einem Bund dergestalt zu einen, daß dieser Bund unter Führung des Bedeutendsten sowohl gegen äußere Angriffe geschützt ist, als auch gegenseitig vorteilhaft handeln kann.«

In der Geschichtsschreibung gibt es den Deutschen Fürstenbund erst ab 1785, unterzeichnet als Antwort einiger deutscher Fürsten auf den aberma-

Anmerkung des Grafen Goertz zum Fürstenbund

ligen Versuch Österreichs, sich Niederbayern unter den Nagel zu reißen. Nach Goertz bereitete Friedrich den Fürstenbund aber schon seit 1779 vor, seine Absicht war klar: nur ein geeintes Reich war ein starkes Reich. Und hatte Preußen im geeinten Reich die Führung, waren Schutzbündnisse mit Russland oder anderen Mächten unnötig. Friedrich hatte richtig analysiert, wenn er schrieb: »Die meisten kleinen Fürsten, namentlich die deutschen, die sich durch einen ihre Einkünfte übersteigenden Aufwand ruinieren, wozu sie die Trunkenheit ihrer eingebildeten Größe verleitet. Der jüngste Sohn einer abgefundenen Linie bildet sich noch ein, so etwas zu sein wie Ludwig XIV. Er baut sich Versailles, er hat seine Mätressen, er hält eine Armee. Vielleicht wäre seine Armee stark genug auf der Schaubühne von Verona eine Schlacht darzustellen.«

In der Geschichtsschreibung gilt auch, dass der Deutsche Fürstenbund von 1785 auf Carl-August von Sachsen-Weimar (ein »Goertz-Schüler«) zurückgeht, gedacht als Zusammenschluss kleiner Regenten gegen die Vormacht Preußens. Das ist wohl nicht mehr haltbar. War Graf Goertz mit seiner Erfahrung in geheimer Diplomatie und seinen guten Verbindungen zu mittel- und süddeutschen Höfen der geistige Vater des Fürstenbundes?

»Wieso, der Fritze hat doch allet alleene jemacht«, wird der Berliner jetzt sagen.

Wir fragen also, welchen Einfluss hatten Friedrichs Diplomaten auf seine Politik, wieviel eigenen Spielraum ließ der König ihnen?

Über Herzberg, seinen »Staatsminister für Äußeres«, steht in einer Biografie, die ein Jahr nach dessen Tod 1796 erschien: »Die Epoche seiner nützlichen und kräftigen Einwirkung in das Schicksal von Europa nahm aber erst im Jahre 1762 ihren Anfang.« Herzberg hatte den Hubertusburger Frieden 1763 ausgehandelt, womit der Siebenjährige Krieg sein Ende fand. Der Graf war maßgeblich an »dem Teilungstraktat von Polen (1772), den Cessionstraktat von Westpreußen (1775), dem Frieden von Teschen (1779) und dem Deutschen Fürstenbund beteiligt«. Die Deutsche Biographische Enzyklopädie von 2001 vermerkt, dass der 1725 geborene Sohn eines pommerschen Gutsherrn als Staatsminister mit seinem »antiösterreichischen Kurs Einfluß auf die Politik nahm«. Friedrich und Herzberg kannten sich lange, kamen sich jedoch erst spät nahe. Der Graf war Gast an des Königs philosophischer Tafel. Er war feinsinnig und als Förderer der deutschen Literatur bekannt. Wenn sich eine Gelegenheit bot, machte er den König auf Werke junger deutscher Dichter aufmerksam, er hatte dann auch das passende Exemplar parat.

Der Staatsminister für Äußeres fand schnell auch einen Draht zum Grafen Goertz. Dessen Familie war 1779 von Weimar nach Berlin umgezogen, man traf sich in den Berliner Salons. Als Goertz Gesandter in Petersburg war, klagte er schon mal über zu unrecht empfundene Rüffel des Königs und Herzberg musste schlichten: »Excellenz würden getröstet sein, wenn Sie die Antworten lesen sollten, die ich auf alles erhalte, was ich in der besten Absicht vorschlage und was dann doch einige Tage nachher befolgt wird« (28. 12. 1784). Woraus folgt, Herzberg und Goertz vertrauten einander und Friedrich vertraute beiden. Konnten die Grafen mit dem Vertrauen auch eigene Politik machen? Goertz war in

Petersburg überfordert, die Zarin ließ ihn nicht in ihren inneren Zirkel, wie die konkurrierenden Österreicher. Herzberg blieb in Berlin im Zentrum der Macht und suchte für den Fürstenbund fähige Unterhändler. Einer von ihnen wurde Christian Wilhelm von Dohm. Im Jahre 1785 erschien sein Buch »Über den Deutschen Fürstenbund«. Darin heißt es zur Entstehung des Bundes nach dem Teschener Frieden: »Jetzt glaubten patriotische deutsche Reichsstände sey es Zeit, ihr Recht zu gebrauchen und durch gemeinsame Verbindungen ihrer Kräfte, dem Umsturz der Verfassung und Freiheit des Vaterlandes entgegenzutreten. Es erschienen Abmahnungen, deren Ton die Fürsten noch mehr überzeugtet, daß der Zeitpunkt wohl gewählt sei. Und so wurde also ein Bund geschlossen, sich gegenseitig bei seinen wohl hergebrachten Rechten zu schützen und die Verfassung des Deutschen Reiches in unverrückbarem Stande gegen jeden Angriff zu verteidigen.« Was nichts anderes heißt, als dass der Fürstenbund längst beschlossene Sache war, Friedrich hatte den geeigneten Zeitpunkt nur abzuwarten brauchen. Denn 1785 verfiel Kaiser Joseph auf den schon erwähnten aberwitzigen Plan, Niederbayern erneut zu annektieren und den Bayern dafür Teile der österreichischen Niederlande zu überlassen. Russland unterstützte Kaiser Joseph nach Kräften. Es war auch der russische Gesandte Romanzov, der dem bayrischen Hof im Dezember 1784 Josephs Forderung mit »wohlwollendem« Ultimatum zur Herausgabe des Landes überbrachte. Joseph erwartete, »daß das Haus Pfalz-Bayern dem Hause Österreich ganz Ober- und Niederbayern, die Oberpfalz, die Grafschaft Leuchtenberg

Kaiser Joseph II.

und die Herzogtümer Neuburg und Salzbach gänzlich abtreten möchten. Dagegen des Kaisers Majestät dem Hause Pfalz-Bayern Ihre Niederlanden, mit denen von der Republik Holland zu erwartenden Vorteilen, jedoch mit Ausschluß des Herzogtums Luxemburg … unter dem Titel des Königreichs Burgund abtreten, annoch 3 Millionen Gulden.«

Luxemburg sollte an Frankreich fallen, damit Ludwig XVI. mitspielte. Als das Schreiben bekannt wurde, gab es im Reich den von Friedrich erwarteten Aufschrei. Der König erntete nun die Früchte seiner Diplomatie; dem Fürstenbund traten Sachsen, Sachsen-Weimar und Gotha bei, Mecklenburg, Anhalt-Dessau, Zweibrücken, Braunschweig, Hessen-Kassel, Baden, etliche katholische Reichsfürsten und der Erzkanzler des Reiches, Erthal. Weshalb der Historiker Venohr dem Preußenkönig immerhin noch konzidierte: »Gewiß, im nationalen Rahmen des Reiches stand er glänzend und unbezwinglich dar. Aber in der internationalen Politik war Preußen völlig isoliert.« Stimmt das?

Dem Fürstenbund war auch der Kurfürst von Hannover beigetreten, und der war zugleich König von England. Auch Schweden hatte sich angeschlossen. Weshalb Russland aus Protest gegen diesen Bund prompt eine Allianz mit Frankreich einging. Der russische Gesandte in Berlin intervenierte im Namen von Zarin Katharina gegen den Bund, der preußische Gesandte in Russland, Graf Goertz, protestierte gegen den Protest. Mit dieser Entwicklung hatte Joseph II. nicht gerechnet. Im April 1785 ließ er »unter seinem wahren Erstaunen« verlautbaren, dass »die ansehnlichsten Reichsfürsten sich bereitwillig erklärt haben sollen, der von Berlin in Auftrag gebrachten Conföderation beizutreten. Wir können uns die Wirklichkeit eines solchen Erfolges nicht anders als durch die Vermutung erklären, daß die ausgestreuten Verleumdungen Glauben gefunden und verschiedene Reichsfürsten in wahre Besorgnis versetzt haben müssen.« (Politisches Journal, 1785)

Das Heucheln kommt uns bekannt vor, es gehört nach wie vor zur beliebten Spielart von Politikern. Joseph gab sein »Ehrenwort«, dass nichts dran sei an den »unverschämt angedichteten Absichten«. Geglaubt hat ihm niemand. Er musste die Schacherpläne zu Niederbayern endgültig ad acta legen. Zurück blieb ein ertappter und im Stolz arg verletzter Kaiser. Er suchte ein Ventil, Preußen eins auszuwischen war das mindeste. Er unterstützte die Rebellion der holländischen Stände gegen den Erbstatthalter der Niederlande, und das war Friedrichs Schwager. Diese Affäre sollte über Jahre hin die Beziehungen zwischen Preußen und den Niederlanden vergiften. 1787 wurde Graf Goertz nach Den Haag entsandt, um eine »Revolution« zu verhindern. Friedrich nahm wieder Kontakt mit den Türken auf, damit sie Österreich ein bisschen bedrohten. Graf Herzberg war dabei in seinem Element. Was Frankreich wiederum nicht gut fand, dort sah man das »Gleichgewicht« gefährdet. Man könnte über diese Sandkastenspiele den Kopf schütteln und abwinken, wenn ihnen nicht politische Realitäten folgten, die höchst selten zu Gunsten der betreffenden Menschen waren und sind. Eine Fehlentscheidung, ein falsches Bündnis, und schon drohten Krieg, Handelsboykott, Strafzölle oder wenigstens ein kleiner Strafeinsatz gegen Widerspenstige; also Plündern, Vergewaltigen, Morden, Zerstören. Friedrich mischte im Konzert der Großmächte nur insoweit mit, als dass er Schaden von Preußen abwenden konnte. Bewahren, nicht erobern, war sein Motto in den letzten Jahren. Will man ihm das vorwerfen? Ins Konzert der Großmächte wird niemand geladen, der sich um Volkswohlfahrt oder eine Agrarreform verdient macht. Großmacht wird und bleibt man damals wie heute durch kriegerische Auseinandersetzungen. Davon hatte Friedrich genug. Er fuhr eine Doppelstrategie: Das Bündnis mit Russland zu halten und zu verlängern und im Deutschen Reich eine starke Allianz als Gegengewicht zu Österreich mit seinen Eroberungsabsichten zu bilden. Friedrich in seiner späten Politik als »völlig isoliert« zu bezeichnen, ist völliger Unsinn. Dass erst

Bismarck einhundert Jahre später das Deutsche Reich unter einen Hut brachte, es damit auch zu einer Handelsunion zusammenschloss, kann niemanden verwundern bei derart vielfältigen und gegenläufigen Interessen von Kleinstaaten. Bedauerlicherweise ging Friedrichs Nachfolger den eingeschlagenen Weg nicht konsequent weiter. Er überließ zumeist anderen die Politik. Graf Goertz sandte er 1788 nach Regensburg, um für den Fürstenbund zu werben, aber das war nur halbherzig gemeint. Grundlegende Umwälzungen wie die Französische Revolution von 1789, die sich erst in Terror nach innen und dann nach außen wandelte, hätte ein funktionierender Fürstenbund nicht verhindern können, auch nicht den Diktator Napoleon, aber durchaus dessen Eroberungsfeldzüge ins Deutsche Reich. Napoleon fand indes die Fürsten zerstritten, leichte Beute für den Usurpator.

1785 erkannte Friedrich als erste europäische Regierung die Unabhängigkeit der Vereinigten Staaten von Nordamerika an und schloss mit ihnen einen Handels- und Beistandspakt, der bis zum Eintritt der USA in den Ersten Weltkrieg gültig blieb. Obwohl es nicht unmittelbar zu unserem Thema gehört, sei aus diesem Vertrag von 1785 der Paragraph 24 zitiert. Er zeigt Friedrichs und Amerikas Geisteshaltung in einem sensiblen Punkt, nämlich im Umgang mit Kriegsgefangenen in einem Kriegsfall. »Um das Schicksal der Kriegsgefangenen zu erleichtern und sie nicht der Gefahr auszusetzen, in entlegene und rauhe Himmelsgegenden verschickt … zu werden, so machen sich beide kontrahierende Teile feierlich gegenseitig verbindlich, daß man Kriegsgefangenen … in einer gesunden

Gegend Aufenthalt anweise, sie aber nicht in Kerker- oder Gefängnissen einsperren, daß man sie weder in Fesseln schmieden, noch knebeln, noch auf eine andere Art des Gebrauchs ihrer Glieder berauben wolle…« Die Gefangenen sollen »hinreichend frische Luft schöpfen und körperliche Übungen anstellen können«, sie haben Anspruch auf die gleiche Verpflegung wie die Sieger. Was angesichts der Realitäten im Kosovo vor zehn Jahren oder in den Kriegen gegen den Irak und in Afghanistan geradezu weltfremd klingt.

Außer Bündnissen pflegte Friedrich weitere probate Methoden, sich der Gunst eines anderen Herrscherhauses zu versichern, Heiraten und Kunsttransfer gehörten dazu. Friedrich nutzte dreimal »die Gelegenheit, an der Brautwahl für die russische Thronfolge mitzuwirken. Hatte er einst die Eheschließung der Zerbster Fürstentochter und nachmaligen Kaiserin Katharina begünstigt, so war er auch aktiv beteiligt, als Katharina für ihren Sohn Paul 1772 eine darmstädtische Prinzessin und nach deren raschem Tod 1776 eine Württembergerin als Gemahlin auswählte.«[47]

Bei der zweiten Verheiratung ihres Sohnes und Nachfolgers schien Zarin Katharina König Friedrich freie Hand gelassen zu haben. »Die erste Begegnung Pauls mit der Prinzessin Sophie Dorothee arrangierten Friedrich und Prinz Heinrich bereits im Juli 1776 in Berlin. Selbstzufrieden konnten Katharina und ihre Vermittler zur Kenntnis nehmen, daß die beiden jungen Leute von Beginn an aufrichtig Gefallen aneinander fanden.«[48] In Berlin, Charlottenburg und Potsdam wurde über Wochen gefeiert. Der Chronist Rödenbeck berichtet darüber: »20. Juni

Fürstenhochzeit, um 1770.

1776: Der Kapellmeister Reichardt Nachmittags um 3 Uhr beim König, der sich mit ihm wegen der Opern, die bei der Ankunft des Großfürsten von Russland aufgeführt werden sollten, bespricht. 21. Juli 1776: Vormittags besieht der König die zu Ehren des erwarteten Großfürsten Paul von Russland... errichteten Ehrenpforten. Abends empfängt er mit der Königin Elisabeth Christine und dem ganzen Hof auf dem Schlosse um 7 Uhr in Begleitung des Prinzen Heinrich ankommenden Großfürsten, welcher seinen Einzug in die Stadt unter Paradierung des Militärs, der Schützengilde, der Kaufmannschaft, der Gewerbe etc. und einer großen Menge Volks gehalten hatte. 23. Juli: Auf dem

Königlichen Schloss geschieht in Gegenwart des Königs, der Königin und des ganzen Hofes die feierliche Verlobung des Großfürsten mit der Prinzessin Sophie Dorothee. Als dann großer Cour, beim König Tafel, wo vom goldenen Service gespeist wird. Abends Ball paré 24. Juli: Große Tafel bei der Königin. Abends Oper. 25. Juli: Der Prinz Ferdinand gibt dem Großfürsten im Tiergarten, an dem Ufer der Spree, im Freien … ein Dejeuné, wobei sich der ganze Hof und die fremden Herrschaften befanden. Abends im Opernhause Redoute.«

So ging es weiter bis zur Abreise der Gäste am 5. August. »Doch galten diese Feste am preußischen Hofe nicht der Verbindung zwischen Rußland und dem württembergischen Herzogshaus, sondern ausschließlich der russisch-preußischen Allianz.«[49] Brisant war auch der Kunsttransfer im 18. Jahrhundert; was schenkte man wem zu welchem Anlass und was sollten die Gaben bewirken?

Der angebliche Geizhals Friedrich hat zu allen Zeiten viel geschenkt. Von Herzen an Freunde und Vertraute, als Anerkennung an Generale und Minister, aus Staatsräson an andere Herrscher. Dazu gehörte auch ein Tafelservice von beispiellosem Aufwand, zwei Jahre brauchten die Künstler in der Berliner Manufaktur dafür. Die Übergabe an die Zarin am 3. August 1772 kam einem Staatsakt gleich: »Sie kommt dazu extra für einen Tag aus ihrer Sommerresidenz Petershof, um im Winterpalais das aufgebaute Service in Empfang zu nehmen.«[50] Das Geschenk verfehlte seine Wirkung nicht, die Kaiserin schrieb an König Friedrich: »Jedes Stück davon beweist mir die Freundschaft Eurer Majestät und Ihre Aufmerksamkeit, die Sie

Aus Service KPM, 1770,
Geschenk Friedrichs an die Zarin Katharina.

mir bezeugen. Diese beständige Freundschaft stellt in Wahrheit eines der glücklichsten und dauerhaftesten Ereignisse meiner Regierung dar…« Katharina meinte es wörtlich, die russisch-preußische Allianz trug in den siebziger Jahren wesentlich zur Stabilität in Mitteleuropa bei. Wie wir wissen, wurde das Bündnis nach Ablauf des Vertrages 1781 nicht verlängert, weil sich Katharina der Neuaufteilung Südosteuropas zuwandte.

Nach einer kürzlich veröffentlichten Studie kam es durch einen peinlich verlaufenen Kunsttransfer zur Verstimmung beider Höfe. Prinz Heinrich bot 1775 der leidenschaftlich Gemälde sammelnden Zarin einen Teil seiner Bilder an und beauftragte für die Abwicklung den Geschäftsführer der preußischen Handelsmission in Petersburg, Bachmann. Die Bedingungen des Prinzen: Die Provenienz der

Bilder durften nur die Zarin und der Thronfolger kennen. Der Name Heinrich Prinz von Preußen sollte nie genannt werden. König Friedrich sollte von dem Geschäft nichts erfahren und Bachmann sollte sofort ausgezahlt werden und das Geld über verschiedene Kanäle an Prinz Heinrich senden. Soweit so gut. Im Sommer 1776 erhielt die Zarin die begehrten Kunstwerke, aber Heinrich bekam von Bachmann kein Geld. Der nämlich hatte sich wegen seiner katastrophalen finanziellen Situation am 20. November erschossen. Hatte Katharina gezahlt und Bachmann unterschlagen?

Die Angelegenheit wurde öffentlich, Friedrich schaltete sich ein, über Jahre zogen sich die Untersuchungen hin. Das Fazit lautet, »daß durch den Selbstmord Bachmanns die Affäre zu einem Politikum geworden war, das die politischen Beziehun-

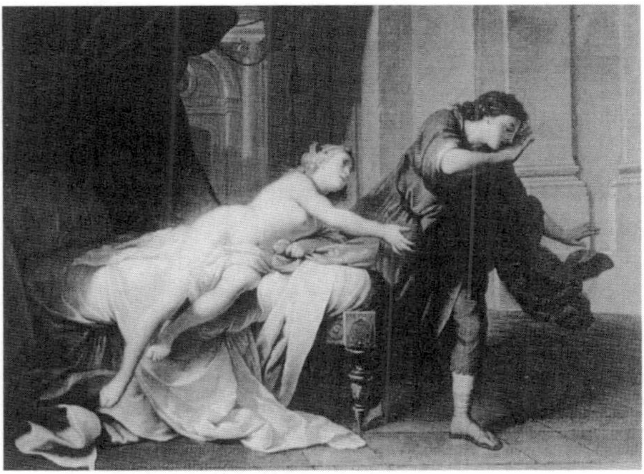

Gemälde aus der Sammlung des Prinzen Heinrich, seit 1776 in Russland.

gen zwischen Preußen und Rußland ernsthaft zu belasten drohte«.[51]

Außenpolitik und die dazu richtigen Geschenke sind bis heute ein heikles Thema. Beispiele von Fehlgriffen, die über Jahre zu ernsthaften Verstimmungen in Staatsbeziehungen führten, gibt es reichlich. Das Thema »Beutekunst« gehört dazu, weil beispielsweise trotz spektakulärer Geschenke der Bundesregierung an Moskau (zuletzt ein hochbedeutendes Mosaik für das Bernsteinzimmer) von dort nicht einmal verrostete Nägel, geschweige denn das Inventar von 1945 geplünderten deutschen Archiven, Schlössern, Kirchen und Museen zurückkommen. Ob sich Graf Goertz in Petersburg mit Kunsttransfer im allgemeinen und der Affäre Bachmann noch beschäftigen musste, kann die Auswertung seines Briefnachlasses im Gräflich-Rechbergschen Familienarchiv zeigen. Goertz bat 1785 um Abberufung aus Russland. Nach Friedrichs Tod im August 1786 setzte ihn Nachfolger Friedrich Wilhelm erneut für delikate Missionen ein. Ab 1788 war Goertz preußischer Resident am immerwährenden Reichstag in Regensburg, vergleichbar mit dem Bundesrat. Der Graf starb dort mit fünfundachtzig Jahren 1821. Sein Schwiegersohn, der Baron Labes, baute sich in der Mecklenburgischen Schweiz die Burg Schlitz, eine weiträumige klassizistische Anlage mit einem Landschaftspark. Während meiner Ausbildung hatte ich auf Burg Schlitz Reste von Wandverkleidungen zu bergen. Vom Grafen, seiner Bibliothek und seinem Schwiegersohn, den er auf Burg Schlitz auch besuchte, und für deren Einweihung Goethe ein Gedicht schrieb, wusste ich damals nichts.

Katharina nimmt die Fürsten Europas unter ihre Röcke, Karikatur um 1780.

10. *Kein Irrtum: Das geheime Erotikkabinett von Zarin Katharina oder: Fallstricke der Diplomatie*

Die Diplomatie mit ihren Einrichtungen und Ritualen widersteht wie die Religionen allen Widrigkeiten der Zeitläufe. In jeder diplomatischen Vertretung dieser Welt werden momentan vertrauliche Nachrichten ausgewertet und verschlüsselt, man handelt Schmiergeldzahlungen zur Informationsbeschaffung aus, es wird abgehört, Gerüchte werden gestreut und falsche Spuren gelegt. Diplomaten feilschen im Auftrag ihrer Herren über jeden erdenklichen Gegenstand, Diplomaten sind Marktschreier mit anderen Mitteln. Wie zu Friedrichs Zeiten. Für die Öffentlichkeit sind folgende Bilder bestimmt – wir kennen diese Bilder aus den Medien oder aus eigener Erfahrung: Botschafter X ist Gastgeber einer Benefizveranstaltung, übernimmt die Schirmherrschaft eines Forschungsprojektes, ist charmanter Unterhalter einer Ausstellungseröffnung. Wie zu Friedrichs Zeiten. »Die bei Friedrich akkreditierten fremden Gesandten und Geschäftsträger bildeten eins der wichtigsten Elemente seines Hofes. Der König hielt nicht viel von den Diplomaten … Er nannte sie privilegierte Spione. Aber er benahm sich stets höflich und klug gegen sie und zeichnete sie aus oder begegnete ihnen kühl und zurückweisend, je nachdem, wie es die politische Lage forderte … Die Empfangsaudienzen gingen immer in derselben Weise vor sich. Er empfing sie in einem Salon von Sanssouci stehend, seinen berühmten Stock in der Hand, der ihm bei seinen gichtigen Anfällen eine gute Stütze war und mit dem er sonst während der Unterhaltung spielte. Der König wußte geschickt durch unerwartet gestellte Fragen aus dem Gesandten alles herauszuholen, was zu seiner Information dienen konnte … Dann sahen ihn die Gesandten nur noch bei den Hoffesten im Berliner Schloß im Januar während des Karnevals … An seine Tafel zog er sie niemals …«[52]

Friedrich verhielt sich gegenüber den fremden Gesandten also nach der aktuellen politischen Konstellation, sein Benehmen war ein untrügliches Barometer für die politische Lage. Was verlangte Friedrich von seinen eigenen Gesandten, die in über einhundert Niederlassungen ihren Dienst taten?

»Ihr Bericht vom Sechsten ist bei mir eingelaufen, aber er gehört zu denen, die ihr Porto nicht wert sind. Er enthält nur langweilige Wiederholungen und Ausführungen. Es ist mir auch ganz gleich, was Sie zu tun vorhaben, ich will nur ganz im Gegenteil wissen, was Sie wirklich getan haben, um meine Befehle auszuführen. Übrigens sind Sie ein wahrer Papagei, denn Sie wiederholen alles, was ich Ihnen in meinen früheren Briefen gesagt habe, und ich habe ganz und gar nicht in Ihrem Bericht gefunden, was meine Aufmerksamkeit verdient oder woraus ich Nutzen ziehen könnte.«

Diese klare Antwort für seinen Vertreter am französischen Hof, von Goltz, aus dem Jahre 1782 steht exemplarisch. Mit Ausflüchten und Winkelzügen kamen die Gesandten nicht weit bei Friedrich. Hielt die Unzufriedenheit über unzureichende Depeschen an, beauftragte der König einen Agenten mit der Nachrichtenbeschaffung. Wovon der Gesandte nichts erfuhr. Dem Grafen Goertz, von 1780 fünf Jahre lang in Petersburg Gesandter Preußens, blieb das erspart. Gleichwohl war diese Zeit alles andere als angenehm für ihn. Die Zarin und der Graf fanden keinen Draht zueinander, er musste sich mit Anfragen und Konzepten seitens Friedrichs oder Herzbergs an den russischen Vizekanzler Ostermann wenden. Der pflegte schon bald Vorbehalte gegen unseren Grafen, die sich in offene Ablehnung steigerten. Goertz kam an offizieller Stelle kaum weiter und war für die Nachrichtenbeschaffung auf befreundete Diplomaten angewiesen. Er musste russische Beamte bestechen oder auf Gerüchte setzen, was besonders heikel war, denn Friedrich wünschte jede Information vom Hof des noch Verbündeten. Das waren Angaben zu Katharinas geheimen Bündnisplänen, ihre Absichten zur polnischen Angelegenheit – das Land sollte nach ihrem Willen ein weiteres Mal geteilt werden, was Friedrich ablehnte – und natürlich zum Konflikt mit dem Osmanischen Reich. Goertz hatte ebenso Kunde über den Gesundheitszustand der Zarin einzuholen. Ob sie krank war, warum und wie ernsthaft. Dahinter stand selbstredend die Frage, ob man fortan auf den preußenfreundlichen Thronfolger Paul setzen könne. Und wer etwas über Katharinas Pläne erfahren wollte, kam an ihren Günstlingen und Liebhabern nicht vorbei. Das Sexualleben der Zarin interessierte Friedrich nur insoweit, als der jeweilige Favorit für die Beziehung zwischen Preußen und Russland von Bedeutung sein konnte. Dazu musste man jedoch seine Gesinnung kennen und ob die Liebe der Zarin heftig und ausdauernd genug war, um aus dem Liebhaber einen Kanzler oder General zu machen, dessen Einfluss man sich sichern musste. Als im Frühjahr 1784 der letzte von Katharina aufrichtig geliebte Favorit mit sechsundzwanzig Jahren an Scharlach starb, »beweinte sie sechs Monate lang dieses Kind, von dem sie sich die Stütze ihres Alters erhofft hatte«.[53] Goertz hielt sich in der Trauerzeit mit seinen Anfragen bei Hofe zurück, ein unkluger Zungenschlag konnte Katharinas Unmut zur Folge haben.

Die Zarin regierte 34 Jahre und hatte 21 Favoriten, von denen die Hälfte auf einflussreiche Posten kam. »Was bedeuten für Katharina jene jungen Liebhaber, die alle schön, charmant, respektvoll, zärtlich und temperamentvoll waren? Katharina alterte, aber das Alter ihrer Favoriten blieb immer das Gleiche.

Zwischen zweiundzwanzig und vierundzwanzig Jahren. Selbstverständlich suchte sie in ihnen eine physische Potenz.... Es war nicht Liebe und auch nicht Lasterhaftigkeit, sondern ein Mittel, um mit ihrer Triebhaftigkeit fertig zu werden .«[54] Getreu dem Motto: Liebe macht blind, wollte Friedrich von Goertz wissen, wie berechenbar Katharinas Politik unter dem Einfluss der Lust blieb. Armer Graf. Er war den Idealen der hohen diplomatischen Schule verpflichtet, in derartige Niederungen zu steigen, verabscheute er. Graf Mirabeau beschrieb Goertz 1787 kurz und knapp als einen »Mann von großer Geschicklichkeit... Er ist kalt, trocken, unangenehm, aber fein, Herr über sich, obgleich heftig und ein guter Beobachter.«

Spektakuläres konnte Graf Goertz trotz aller Beobachtung nicht herausfinden, denn zum geheimen Erotikkabinett der Zarin, wo derartiges besprochen wurde, hatten allenfalls eine Handvoll Erwählte Zutritt. Und weil in dieses Kabinett im hinteren Teil von Schloss Puschkin kaum ein Sterblicher hineinkam, kursierten darüber um so mehr Gerüchte. Was sich darin befand, soll auf Katharinas sexuelle Vorlieben abgestimmt gewesen sein. Die Schnitzereien an Decken und Wänden, an Sesseln, Tischen, das Dekor an Porzellanen und Bestecken soll das ganze Spektrum von Katharinas Verlangen abgehandelt haben. Das wäre ein in der Geschichte der europäischen Kunst beispielloses erotisches Universum. In Paris stellte man sich dieses Zimmer dem Zeitgeschmack entsprechend als sadomasochistische Folterhöhle vor, in Londoner Kreisen glaubte man, Pferde und Esel bestiegen dort die Kaiserin. Satirische Flugblätter kursierten dazu auch in Spanien und Italien.

Esel besteigt die Kaiserin, um 1780.

Glaubhafte Beschreibungen dieses Kabinetts aus dem 18. Jahrhundert oder brauchbare Abbildungen aus jener Zeit sind nicht bekannt. Gleich nach dem Tod der Zarin 1796 wurde es ausgebaut, die Möbel deponiert. Im 19. Jahrhundert, die Moral war eine andere, geriet das Wissen um dieses Kabinett in Vergessenheit und das wäre bis in unsere Tage so, hätte 1939 nicht der Kurator von Schloss Puschkin das Möbeldepot inventarisiert und fotografiert. 514 Gegenstände aus dem Erotikkabinett der Zarin nahm er auf; Sessel, Tische, Leuchter, Tafelschmuck, bestens erhalten und unerhört in der Darstellung. Die Dinge wurden wieder eingelagert. Als die Deutsche Wehrmacht das Schloss plünderte, soll das Erotikkabinett mit dem berühmten Gegenstück, dem Bernsteinzimmer, nach Königsberg ausgelagert worden sein. Im dortigen Schloss horteten die Nazis zusammengeraubte Sammlungen, und wenn Göring, Himmler oder Hitler Bedarf an Geschenken hatten, bedienten sie sich aus dem dortigen Fundus. So ist es möglich, dass Katharinas Kabinett an einen Liebhaber ging und nicht 1945 mit dem Schloss verbrannte, denn in einer Pariser Auktion tauchten vor fünfzehn Jahre Gegenstände daraus auf.

Was Graf Goertz über Katharinas Liebhaber und die Gespräche im Kabinett herausfand, ist nicht bekannt. In seinen Depeschen an König Friedrich nach Potsdam gibt es darüber keinen Widerhall. Was verständlich ist, weil Diplomatenpost nach dem guten Ton der Zeit abgefangen und kopiert wurde, bevor sie ihren Adressaten erreichte. Aber in den bislang unveröffentlichten Briefen von Prinz Heinrich an seinen Bruder Ferdinand gibt es ein Echo auf das Kabinett der Zarin, von Goertz über getarnte Kuriere, die oft non stop ritten, auf den Weg gebracht.

Unser Graf hatte aber auch in Erfahrung zu bringen, wie gut die Getreidefelder in Russland standen. 1784 gab es dort keine reiche Ernte, weshalb Friedrich durch den Berliner Kaufmann Schickler die polnische Ernte aufkaufen ließ, damit diese nicht in die Kornspeicher der russischen oder österreichischen Militärs gelangte. Zum Diplomatendienst gehörte es auch, sich in der Akademie der Wissenschaften nach Entdeckungen und Erfindungen umzuhören und die Neuigkeit dem Dienstherren zu melden. Graf Goertz war froh, Petersburg endlich im Jahr 1785 in Richtung Berlin verlassen zu können.

Da Friedrich während seiner langen Regierungszeit mit seinen Nachbarn mehr oder weniger ständig in Spannungen lebte, hatten seine Diplomaten auch ständig Hochleistungen zu vollbringen und das an Höfen, mit denen er Krieg geführt hatte. Damit war der Wiener Gesandtenposten für Friedrichs Vertreter, den Grafen Podewils, kein Zuckerschlecken. In der Instruktion des Königs vom Mai 1746, Graf Goertz war da neun Jahre alt, lesen wir: »Der Hauptpunkt, dem Graf Podewils gegenwärtig seine Aufmerksamkeit widmen muß, ist, die wahre Einstellung des Kaiserhofes zu mir herauszufinden… ob man ernsthaft gewillt ist, sich an den letzten Frieden zu halten, oder ob man Schritte vorbereitet, um einen anderen Weg einzuschlagen.« Friedrich wollte genau wissen, ob »tatsächlich geheime Verhandlungen zwischen den Höfen in Wien und Petersburg im Gange sind, um mir Schlesien zu nehmen«. Podewils hatte Truppenbewegungen genauso zu melden, wie die gesteigerte Produktion in Gewehrmanufakturen.

Friedrich verlangte, Podewils solle »selbst etwas über den Erzherzog Joseph (den späteren Kaiser) sagen, und in seiner jungen Seele zu lesen versuchen, was mit der Zeit der Charakter dieses jungen Fürsten werden mag«. Podewils antwortete dem

Graf Podewils, Stich um 1750.

König am 22. März 1747: »Der Erzherzog Joseph ist nicht groß für sein Alter aber sehr gut gebaut und vollkommen schön. Sein Gesicht ist angenehm. Er duzt alle Menschen... Er hat schon jetzt (sechsjährig) die höchsten Vorstellungen von seinem Range, und es ist nicht lange her, daß er zu jemanden gesagt hat, er sei in Ungnade gefallen.« Nur Tratsch, was da gemeldet wurde?

In jedem heutigen Ministerium gibt es über Mitarbeiter Dossiers dieser Art. Sie werden ständig aktualisiert, wofür man weder Kosten noch Mühen scheut. Im Falle des österreichischen Thronfolgers beobachtete Podewils im Knaben bereits jene Eigenschaften, die anderen Regenten das Leben schwer machten, als Joseph Kaiser wurde. Friedrich war also frühzeitig vor Josephs Sprunghaftigkeit gewarnt. »Er ist halsstarrig und eigensinnig… und kann nicht auf der Stelle bleiben.« Vorrangig berichtete Podewils jedoch über Kaiserin Maria Theresia. Von ihrem streng geregelten Tagesablauf, dass sie früh aufstehe und bis vormittags in ihrem Kabinett arbeite, mittags meist allein zur Tafel sitze, abends aber in Gesellschaft sei, wo sie leidenschaftlich gern Pharao spiele. Überdies reite sie gern und schnell, schlafe mit ihrem Mann in einem Bett, obwohl der Kaiser im Park Hofdamen nachstelle, was die sittenstrenge Kaiserin durch Spione herausbringe. Die Beziehung zu Preußen betrachtend, schließt Podewils so: »Sie liebt Eure Majestät nicht. Sie wird den Verlust Schlesiens nicht vergessen können. Sie betrachtet Eure Majestät als ein Hindernis für das Wachsen ihrer Macht.« Friedrichs lakonische Reaktion auf die klaren Worte seines Gesandten: »Ihr Porträt hat mir das größtmögliche Vergnügen bereitet…«

Der Tick von Zarin Katharina waren ihre sexuellen Eskapaden, das geheime Erotikkabinett war der sinnfällige Ausdruck davon. Der Tick Maria Theresias war die Keuschheitskommission, ein Extrem in die andere Richtung. Die Kommissare hatten im Auftrag der Kaiserin sittliche Verfehlungen aufzuspüren und zu bestrafen, ganz gleich, ob diese von einem Bauern oder Edelmann, von einer Wäscherin oder Hofdame begangen wurden. An anderen Höfen schüttelte man den Kopf über den Eifer, Friedrich spottete und nutzte den vermeintlichen Klatsch politisch. An Einzelschicksalen konnte er zeigen, wie verbohrt, fanatisch und der Aufklärung feindlich gesinnt der Wiener Hof regierte, allen voran die

Maria Theresia, Kaiserin von Österreich, Stich um 1750.

Kaiserin, die sich zum Gespött von Europa machte. In der öffentlichen Meinung schlug das Wirken der Keuschheitskommission entsprechend hohe Wellen. In einem Pariser Journal vom Mai 1747 lesen wir: »Kaiserin Maria Theresia möchte sich am liebsten alle Jungfern ihrer Landen gleich welchen Standes vorführen lassen, um ihnen nach bestehender Unschuld selbst den Keuschheitsgürtel anzulegen. Mädchen ohne dieses Privileg müßten Zeit ihres Lebens ins Kloster.« Podewils meldete seinem König am 25. Oktober 1747: »Man witzelt öffentlich über diese außerordentliche Sittenstrenge der Kaiserin, und der Nuntius sagte neulich, er zweifle sehr, ob die Kaiserin in Italien Mädchen finden werde, die bereit seien zu kommen, um Kapuziner zu werden.« Zeitweise berichtete Graf Podewils über ausschließlich die Eskapaden der Kommission, »weil sie den Charakter der Kaiserin-Königin gut beleuchten«. Anders als Graf Goertz später in Petersburg, hatte der Wiener Gesandte weder mit dem Thema noch mit der Informationsbeschaffung dazu Schwierigkeiten. »Da man bei einer Dame von der Oper einige junge Leute von Stande gefunden hat, hat die Kaiserin-Königin sie in ein äußerst strenges Gefängnis setzen lassen ... Der zweite Oberhofmeister der Kaiserin-Königin, Fürst Trautson ist bei einer Dame von der Oper gefunden worden. Die Kommissäre für die öffentliche Schamhaftigkeit haben jedoch die Höflichkeit gehabt, ihn warnen zu lassen ...« »Die Unzufriedenheit ist auch fast allgemein und es läuft eine Reihe von Schmähschriften gegen die Regierung, vor allem aber gegen die Kommission.« »Die Keuschheitskommission gibt täglich Anlaß zu den lächerlichsten Szenen ... Einer der Kommissäre hatte versucht den Kammerdiener eines jungen Mannes von Stande zu gewinnen, damit er ihn benachrichtige, wenn dieser irgendein Mädchen bei sich habe ...«

Die Sittenspezialisten der Kaiserin hatten ein System von »Informellen Mitarbeitern« organisiert.

Der stets neugierige Friedrich sammelte alle möglichen Nachrichten über seine Gegner. Wie er sich die vielen heiklen Details über das Liebesleben von österreichischen Ministern und den Seitensprüngen des gar nicht so keuschen Gemahls der Kaiserin zunutze machte, ist noch nicht bekannt. Um keinen falschen Eindruck entstehen zu lassen, Friedrichs Gesandte hatten zuvorderst Fakten über politische Entwicklungen am jeweiligen Hof zu liefern. Und wenn diese nicht greifbar waren, kam es, dass sie erfunden wurden, wie es der preußische Resident Gafron in Konstantinopel tat: »wenn der König ihn mit dringlichen Fragen anging, für die ihn die Informationen mangelten, erfand Gafron solche«.[55] Zum Beispiel jene, die Friedrich am 25. Dezember 1782 erreichte und besagte, dass Kaiser Joseph II. von der Hohen Pforte die Abtretung Belgrads und Serbiens wünsche. Was Friedrichs Kabinett prompt in helle Aufregung versetzte, die einmal in Gang

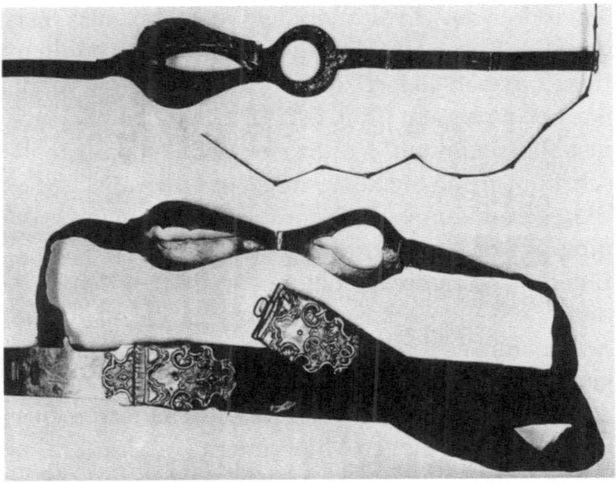

Keuschheitsgürtel, Wien um 1750.

gesetzte Spirale drehte sich weiter, erfasste andere Höfe, Kriegsunruhe brach aus, bis die Hysterie implodierte und sich der Rauch verzog. Bis zur nächsten Affäre, keine zwei Monate später, als Graf Goertz dem König meldete, Zarin Katharina habe nun endgültig mit der Hohen Pforte gebrochen. Was Krieg bedeutete und Europa in die nächste Aufregung versetzte. Wer sich mit Gesandtendepeschen beschäftigt, hat rasch den Eindruck, dass Botschafter nichts lieber taten, als Schreckensmeldungen zu liefern, über die anschließend aufgeregt spekuliert werden durfte. Der zweite Eindruck: Europa mit seinen vielen Herrschern und divergierenden Interessen glich einer quirligen Schulklasse, wo es ständig Zank und Prügel gab. Was uns durch die EU vertraut sein dürfte. Wohl sind die Prügeleien in Europa heute weniger blutig, aber die Interessenkonflikte bleiben. Friedrich erhielt von seinen Gesandten täglich Berichte. Er musste sie mit anderen Meldungen abgleichen, einordnen und aus dem Puzzle seine Schlüsse ziehen. Es gab weder Telefone noch Radios noch CNN. Entscheidungen aus einer unwahren Nachricht konnten fatale Folgen haben, denn Rückfragen und deren Antworten konnten Wochen dauern, die im Ernstfall bei Kriegsvorbereitungen fehlten. Natürlich hatte Friedrich Spione, aber das waren Einzelkämpfer, oft unsichere Kantonisten, die für Geld lieferten. Waffengleichheit gab es insoweit, als »die anderen« auch nur mit Wasser kochten.

Über die spärlichen Meldungen zu Katharinas Erotikkabinett sah Friedrich hinweg, vierzig Jahre früher hätte er davon mehr verlangt, wie das Beispiel der Kaiserlichen Keuschheitskommission zeigt.

ANGABEN ZU DEN QUELLEN

1 HARTMANN, GEORG: Über die Kunst der Deutschen, Wien, 1820
2 KUHN, ALBERT: Grundlagen der Kunstgeschichte, Bonn 1929
3 SCHÖNFELD, CLAUDIA: Vermächtnis der Aufklärung, Schwerin 2002
4 v. LIEBEDUHR: Berichte, 1750
5 v .HÜLSEN, GEORG: Der Große König, Berlin 1912
6 PANGELS, CHARLOTTE: Friedrich der Große, München 1995
7 MÜLLER, GEORG: Friedrich der Große und sein Flötenspiel, Berlin 1935
8 MAURENBRECHER, MAX: Die Hohenzollern-Legende, Berlin 1905
9 DORST, KLAUS: In : Wieder wandeln im alten Park, Potsdam, 1993
10 VOGTHERR, CHRISTOPH MARTIN: In: Geist und Macht, Berlin 2005
11 FREYDANK, RUTH: In: Friedrich und die Kunst, Berlin 1986
12 v. PETERSDORF: Friedrich der Große, Berlin 1902
13 FISCHER-FABIAN, S.: Preußens Gloria, 1980
14 v. PETERSDORF, a.a.O.
15 GROEHLER, OLAF: Die Kriege Friedrich II., Berlin 1980
16 MITTENZWEI, INGRID: Friedrich der Große, Berlin 1980
17 GROEHLER, O. a.a.O.
18 VENOHR, WOLFGANG: Fridericus Rex, München 1988

19 VENOHR, W. a.a.O.
20 KUNISCH, JOHANNES: Friedrich der Große, München 2004
21 VENOHR, W. a.a.O.
22 KOSSELLECK, REINHART: FAZ 21. Juli 2005: Was sich wiederholt
23 PANGELS, CH. a.a.O.
24 VENOHR, W. a.a.O.
25 MECKEL, CLAUDIA: In: Friedrich und die Kunst, Berlin 1986
26 MITTENZWEI, I. a.a.O.
27 NAUDÉ, ALBERT: In : Forschungen zur Brandenburgisch-Preußischen Geschichte, 1888
28 HERRMANN, OTTO: Friedrich der Große im Spiegel seines Bruders, 1931
29 ZIEBURA, EVA: Heinrich Prinz von Preußen, Berlin 1999
30 ZIEBURA, EVA: In : Ein Europäer in Rheinsberg, 2002
31 DE MIRABEAU: Geheime Geschichte des Berliner Hofes, Berlin 1789
32 KNOLL, GERHARD: In: Ein Europäer in Rheinsberg, 2002
33 MANTAY, GERD: Reflexionen, Internetbeitrag, 1999
34 MITTENZWEI, I. a.a.O.
35 STRIBRNY, WOLFGANG: In: Katharina II. Deutschland und die Deutschen, Mainz 1996
36 VENOHR, W. a.a.O.
37 FISCHER-FABIAN, S. a.a.O.
38 FISCHER-FABIAN, S. a.a.O.
39 NOSOV, B.V.: In: Rußland zur Zeit Katharina II., Köln 1998
40 VENOHR,W. a.a.O.

41 KUNISCH, J. a.a.O.
42 MÜKLER, HERFRIED: Imperien, Berlin 2005
43 KUNISCH, W. a.a.O.
44 VENOHR, W. a.a.O.
45 MITTENZWEI, I. a.a.O.
46 SINN, DIETER: Alltag in Preußen, Frankfurt 1991
47 SCHARF, CLAUS: Katharina II. Deutschland und die Deutschen, Mainz 1996
48 SCHARF, C. a.a.O.
49 SCHARF, C. a.a.O.
50 SCHARF, C. a.a.O.
51 FRANK, CRISTOPH: Preußischer Kulturtransfer nach Rußland, 2005
52 CORILJO, ARGAMONTE Y: Friedrich der Große, Berlin 1928
53 OLDENBOURG, ZOÉ: Katharina die Große, München 1994
54 OLDENBOURG, Z. a.a.O.
55 CORIJO Y, a.a.O.

WEITERE BENUTZTE QUELLEN

v. BIELFELD, JACOB: Friedrich der Große und sein Hof, Breslau 1838

DE BRETONNE, RESTIF: Tableaux de la Bonne , Paris 1787

CARLYLE, THOMAS: Friedrich der Große, Meersburg 1928

v. DOHM, CHRISTIAN WILHELM: Denkwürdigkeiten meiner Zeit, Lemgo 1814

DE FLASSAN, W.: Histoire Génerale, Paris 1809

Geheimes Staatsarchiv Preußischer Kulturbesitz. Bestände des ehem. Königl. Hausarchiv, Rep. 133/134, Berlin

v. GOERTZ, JOHANN EUSTACH: Mémoire sur la Russie, 1785

Journal de Westminster, Jahrg. 1744, London

LEHNDORFF, HEINRICH VON: Dreißig Jahre am Hofe Friedrichs des Großen, Gotha, 1907–1912

LUCCHESINI, GIROLAMO: Tagebuch, Leipzig 1885

Memoires du General Dumouriez, 1794

Politisches Journal, 1781–86, Hamburg

PREUSS, JOHANN DANIEL: Friedrich der Große, 1834. Politisches Journal 1780–1786, Hamburg

RICHTER, JOHANNES: Lexikon, Leipzig 1789

RÖDENBECK, KARL HEINRICH: Tagebuch aus Friedrichs großem Regentenleben, 1831, Berlin

THIEBAULT, DIEDONNE: Friedrich der Große und sein Hof, Stuttgart o.J.